武当山旅游发展研究

廖兆光 ◎ 著

西南交通大学出版社
·成都·

图书在版编目（CIP）数据

武当山旅游发展研究 / 廖兆光著. -- 成都：西南交通大学出版社, 2025. 5. -- ISBN 978-7-5774-0418-9

I. F592.763.3

中国国家版本馆CIP数据核字第2025JJ3284号

Wudang Shan Lüyou Fazhan Yanjiu
武当山旅游发展研究

廖兆光　著

策 划 编 辑	孟　嫒
责 任 编 辑	孟　嫒
封 面 设 计	原谋书装
出 版 发 行	西南交通大学出版社
	（四川省成都市金牛区二环路北一段111号
	西南交通大学创新大厦21楼）
营销部电话	028-87600564　028-87600533
邮 政 编 码	610031
网　　　址	https://www.xnjdcbs.com
印　　　刷	成都蜀通印务有限责任公司
成 品 尺 寸	170 mm × 230 mm
印　　　张	12.25
字　　　数	200千
版　　　次	2025年5月第1版
印　　　次	2025年5月第1次
书　　　号	ISBN 978-7-5774-0418-9
定　　　价	58.00元

图书如有印装质量问题　本社负责退换
版权所有　盗版必究　举报电话：028-87600562

前言

近年来，我国旅游经济快速增长，产业格局日趋完善，市场规模和旅游品质同步提升，旅游业已成为国民经济的战略性支柱产业。进入新时代，我国旅游业的主要矛盾表现为人民群众对品质旅游的需求与优质旅游供给不足。根据近几年文化和旅游部发布的统计数据，由于互联网尤其是移动互联网的快速发展，旅游者的旅游消费需求发生了显著变化，高度定制化的自由行取代标准化的团队游，成为旅游者最主要的旅游方式，散客化取代跟团游导致旅游组织方式发生重大变革。游客旅游需求多样化、个性化和旅游行为由传统单一型观光游览向休闲娱乐度假多元复合型转变，新趋势持续推动旅游目的地高质量发展。

武当山是我国著名的 5A 级景区，也是享誉海内外的世界文化遗产地，以丰富的道教文化、宏伟的宫观庙宇、玄妙的武当武术、绮丽的自然景观闻名天下。武当山丰富多样的旅游资源，无论是雄伟壮观的自然景观，还是深厚凝重的人文底蕴，都具有极高的价值。武当山是汉江生态经济带文旅产业发展的重点区域，是湖北省"一江两山"国际旅游品牌的重要组成部分，是鄂西北旅游发展的龙头。改革开放以来，武当山旅游业逐渐兴起并不断壮大。然而，在旅游发展的过程中，武当山旅游也面临着文化遗产保护、生态环境承载力、经济社会可持续发展等方面的诸多挑战和问题。如何在保护武当山自然与文化遗产的前提下，实现旅游业的可持续发展，是我们需要深入思考和研究的重要课题。

本书的重点任务是武当山世界文化遗产的价值分析和可持续旅游发展研究。书中论述了武当山旅游发展的总体状况，在梳理武当山旅游发展历程的基础上，通过对武当山旅游资源价值、旅游产业供给现状、旅游客源市场、旅游品牌建设、旅游开发实践模式、全域旅游示范区创建、农文旅产业融合发展等方面的多维度分析，力求全景式地呈现武当山旅游开发的历史演进、发展现状与趋势展望。同时，借鉴国内外其他旅游目的地的成功经验，为武当山的可持续旅游发展提供具有针对性和可操作性的建议与策略。

　　本书可供从事武当山旅游研究的专家、学者和业界管理者交流参考，也能让广大读者更加深入地了解武当山的魅力与价值，从而共同推动武当山旅游业的蓬勃发展，使其在新时代焕发出更加耀眼的光彩。

　　本书写作大纲由汉江师范学院历史文化与旅游学院副院长廖兆光拟定。全书共八章，其中，第一章、第二章、第三章、第五章、第七章、第八章由廖兆光撰写，第四章、第六章由靳梦婷撰写。全书由廖兆光统稿、定稿。

　　本书撰写过程中，参考了很多国内外相关书籍和文献，查阅了大量的权威网站和报刊资料，在此谨向有关作者致以诚挚的谢意！

　　由于本人学识有限，恳请专家、读者批评指正。

作　者

2025 年 1 月 30 日

目录

第一章 绪论 …………………………………………… 001
  一、武当山基本情况 …………………………………… 001
  二、武当山旅游可持续发展的时代要求 ……………… 003
  三、武当山生态与文化多样性保护 …………………… 006
  四、武当山旅游开发战略转型 ………………………… 008

第二章 武当山旅游发展历程 ………………………… 011
  第一节 武当山历史上的重要旅行事件 ……………… 011
    一、尧舜禹征伐三苗 ………………………………… 011
    二、徐霞客问奇武当 ………………………………… 013
    三、明文人漫游武当 ………………………………… 017
    四、壮观的宗教朝拜 ………………………………… 018
  第二节 武当山旅游发展的历史机遇 ………………… 019
    一、武当山旅游业发展历程 ………………………… 019
    二、武当山旅游发展的历史机遇与预期目标 ……… 022

第三章 武当山旅游资源价值分析 …………………… 025
  第一节 武当山地理环境概述 ………………………… 025
    一、武当山自然地理环境 …………………………… 025
    二、武当山文化地理背景 …………………………… 027
  第二节 武当山自然旅游资源 ………………………… 028
    一、七十二峰 ………………………………………… 029

二、三十六岩 035
　　三、二十四涧 039
第三节　武当山道教古建筑群 041
　　一、武当山道教古建筑群建设历史沿革 041
　　二、武当山道教古建筑价值研究 043
第四节　武当山国家级非物质文化遗产 047
　　一、武当山宫观道乐 047
　　二、武当武术 049
　　三、武当山庙会 050

第四章　武当山旅游供给侧分析 051
第一节　旅游接待业概况 051
　　一、住宿设施 051
　　二、餐饮服务 053
　　三、休闲娱乐设施 055
　　四、旅游购物 057
第二节　旅游交通概况 058
　　一、外部交通 058
　　二、内部交通 060

第五章　武当山旅游客源市场 061
第一节　旅游客源市场概述 061
　　一、客源市场特征 061
　　二、客源市场消费结构 064
第二节　武当山客源市场定位 066
　　一、旅游形象定位 067
　　二、旅游市场空间定位 070
　　三、细分市场产品类型定位 072

第三节　影响因素及发展对策………………………………075
　　一、影响武当山旅游市场的主要因素………………………075
　　二、促进武当山旅游市场发展的对策………………………077

第六章　武当山旅游品牌建设……………………………080
　第一节　武当山旅游品牌构建………………………………080
　　一、旅游品牌的内涵…………………………………………080
　　二、品牌理念深化……………………………………………082
　　三、品牌形象塑造……………………………………………083
　　四、品牌故事传播……………………………………………084
　第二节　武当山旅游品牌建设策略…………………………085
　　一、产品创新与升级…………………………………………085
　　二、市场营销与品牌推广……………………………………086
　　三、服务优化与体验…………………………………………088

第七章　武当山旅游开发实践模式………………………090
　第一节　旅游管理体制变革…………………………………090
　　一、武当山旅游发展重大进程………………………………090
　　二、武当山旅游管理体制变迁………………………………091
　　三、武当山管理体制变迁的特征……………………………095
　　四、武当山管理体制变迁的动因……………………………098
　　五、武当山管理体制优化与演进……………………………101
　第二节　景区开发空间与建设模式…………………………103
　　一、景区物理空间构成………………………………………104
　　二、观光旅游模式……………………………………………105
　　三、民俗活动再现模式………………………………………106
　　四、舞台展演模式……………………………………………107
　　五、博物馆模式………………………………………………108

第三节 国家级非物质文化遗产开发模式 ……………………… 108
　一、武当山国家级非物质文化遗产概述 …………………… 108
　二、文化演艺开发模式 ……………………………………… 110
　三、体验活动开发模式 ……………………………………… 111
　四、节庆活动开发模式 ……………………………………… 112
　五、对外交流与推广模式 …………………………………… 113

第八章　武当山全域旅游发展专题研究 ……………………… 116
　第一节　武当山全域旅游发展研究 …………………………… 116
　　一、全域旅游发展的时代背景 …………………………… 116
　　二、全域旅游的内涵分析 ………………………………… 116
　　三、全域旅游目的地发展系统分析 ……………………… 118
　　四、建设全域旅游目的地创新对策——以武当山为例 …… 121
　　五、建设全域旅游目的地的关键因素 …………………… 126
　　六、研究结论 ……………………………………………… 127
　第二节　武当山旅游业供给侧结构性改革研究 ……………… 127
　　一、问题提出 ……………………………………………… 127
　　二、武当山旅游业供给侧与需求侧结构性矛盾 ………… 128
　　三、武当山旅游供给侧结构性改革的创新策略 ………… 131
　第三节　武当山乡村振兴与全域旅游协同发展研究 ………… 136
　　一、发展目标：乡村振兴和全域旅游协同推进 ………… 137
　　二、推进方略：乡村振兴战略实施和全域旅游发展
　　　　协同路径 ……………………………………………… 141
　　三、武当样本：乡村振兴和全域旅游协同推进对策建议 … 151
　第四节　武当山农文旅融合发展研究 ………………………… 155
　　一、新时代农文旅融合发展的内涵解读 ………………… 155
　　二、农文旅融合发展模式 ………………………………… 157
　　三、农文旅融合关注焦点 ………………………………… 161
　　四、农文旅融合发展对策 ………………………………… 163

第五节 新时代全域旅游高质量发展内在逻辑与路径创新……165
　　一、全域旅游发展新时代背景………………………………165
　　二、全域旅游高质量发展理念深化…………………………172
　　三、全域旅游高质量发展路径………………………………174

参考文献……………………………………………………181

后　记………………………………………………………185

第一章 绪 论

一、武当山基本情况

武当山位于湖北省西北部，地处我国气候南北交界处，属于亚热带季风气候区，气候温和、湿润多雨。武当山是国家 5A 级风景名胜区，道教第一名山，以神秘的道教文化、玄妙的武当武术、绝奇的古建筑、绮丽的自然景观闻名天下。

（一）旅游资源概况

武当山风景区面积古称"方圆八百里"，现有 312 平方千米。武当山共分六大景区：玄岳门景区、太子坡景区、南岩景区、金顶景区、琼台景区、五龙景区，有东、西、南三条主要旅游线路。武当山旅游经济特区自然和人文旅游资源富集，品位极高，有"大山大水大人文"的美誉，核心旅游资源为世界文化遗产、国家 5A 级旅游景区——武当山景区，还拥有太极湖国家级旅游度假区、武当山快乐谷景区（4A 级）、太极湖水上游景区（3A 级）、武当民俗文化产业园（3A 级）等旅游（景）区。

（二）获得的荣誉

武当山风景区是湖北旅游名片、鄂西北旅游门户、十堰旅游龙头，属自然景观和人文景观完美结合的山岳型风景名胜区，历史文化悠久，以其绚丽多姿的自然景观、规模宏大的古建筑群、源远流长的道教文化、博大精深的武当武术著称于世，自古被誉为"亘古无双胜境，天下第一仙山"，是我国著名的道教圣地，位居四大道教名山之首。

1982年，武当山风景区被国务院审定为国家级重点风景名胜区；1992年，被批准建立武当山"国家森林公园"；1994年，武当山古建筑群被联合国教科文组织列入《世界文化遗产》名录；1999年，被命名为湖北省爱国主义教育基地；2006年，武当山古建筑群被列为"全国重点文物保护单位"；2009年，武当山成功申报为武当山"国家地质公园"；2010年，武当山被列为国家5A级旅游区，同年，经国台办批准成为"海峡两岸交流基地"；2014年，"华侨华人文化交流基地"在武当山挂牌；2015年，被评为第四届全国文明单位；2016年，入列首批国家人文旅游示范基地；2019年，武当山特区纳入第二批国家生态环境与健康管理试点地区；2020年，成功创建湖北省全域旅游示范区。

武当山先后还荣获"中国最值得向世界推荐的十大明星景区""最受群众喜爱的中国十大风景名胜区""欧洲人最喜爱的中国十大景区""首届中国自驾车旅游品牌十佳目的地""中国最美的十大宗教名山""中国十大避暑名山""中国大学生最喜欢的旅游目的地"等众多桂冠。

（三）区位交通

在区域旅游版图上，武当山东接古城襄阳市，西靠车城十堰市，南望原始森林神农架，北临南水北调中线水源地丹江口水库，是湖北"一江两山"黄金旅游大通道上的重要旅游目的地和集散地，也是鄂西生态文化旅游圈的重要板块。

旅游交通日益完善，境内有福（州）银（川）高速公路、十（堰）淅（川）高速、谷（城）竹（山）高速、十（堰）天（水）高速、十（堰）巫（溪）高速、十（堰）房（县）高速等接壤而过；西武高速铁路、襄渝铁路穿境而过；武当山机场距离24千米，航线可通达国内主要城市；依托汉江，水运可达郧阳区、丹江口、河南淅川，形成了公路、铁路、航空、水运相结合的立体旅游大交通网络。

高铁经济时代下，区域城市同城化为武当山文旅产业发展带来重大利好。武当山位于西武高铁的中间节点位置，武汉至十堰段现已通车，十堰至西安段已开工建设，预计 2026 年底通车，未来西安到达武当山仅需 2 小时。交通的改善极大地拉近了武当山与西安、武汉、郑州各个城市之间的距离，武当山将更加便捷地连通武汉都市圈、西安都市圈、成渝城市群、江浙城市群、北上广城市群，文化旅游发展空间将更加广阔。加之武当山机场的空中覆盖，势必需要采取新的市场战略要求和营销推广策略，在区域文化旅游市场中占领先机。

二、武当山旅游可持续发展的时代要求

1. 可持续旅游发展的内涵

1987 年 2 月，联合国世界环境与发展委员会主席布伦特兰夫人发表《我们共同的未来》系统地阐述了可持续发展，并以此对人类在经济发展与环境保护方面存在的问题进行了评估。[1]可持续旅游（Sustainable Tourism）就是"要求旅游与自然、文化和人类生存环境成为一个整体"[2]。

可持续旅游发展以不破坏其赖以生存的自然资源、文化资源及其他资源为前提，并能对自然、人文生态环境保护给予资金、政策等全方位支持，从而促进旅游资源的持续利用。可持续旅游发展应在满足当代人日益增长的多样化需要的同时，保证后代人能公平享有利用旅游资源的权利，满足后代人旅游和发展旅游的需求。可持续发展在本质上可以概括为三个方面的含义：一是公平性，强调资源开发的公平分配，兼顾同代人和各代人之

---

[1] 刘安全. 武陵山区旅游资源开发模式研究与实践[M]. 北京：经济科学出版社，2015.
[2] 李林. 世界文化遗产——武当山可持续旅游发展策略研究[J]. 湖北社会科学，2004（8）.

间的利益。二是持续性，强调旅游资源和环境的生态系统承载能力，反对掠夺式的开发。三是共同性，采取全局性的发展战略和协作行动，尊重旅游发展中因文化、历史和经济发展水平而形成的差异。

2. 可持续旅游是世界遗产地旅游发展的战略选择

可持续旅游发展战略立足人类社会连续发展，提出资源有效利用、优化环境、促进社会经济发展的一种良性循环发展模式，该发展战略能有效处理好本地旅游开发与保护的矛盾。可持续旅游发展正成为世界发达国家遗产地旅游发展的重要趋势，如在法国、英国、西班牙等旅游发达国家的遗产旅游开发中，就重点强调可持续旅游发展战略的实施。

旅游发展在客观上要求旅游发展的可持续性、协同性和公平性。经济社会发展现实表明，国内一部分经济欠发达地区依靠旅游产业的带动，实现了脱贫致富，增强了区域经济实力。然而，在经济快速发展的同时，一些地方也不可避免地出现了诸如环境恶化、生态退化、资源短缺、就业压力和贫富差距加大等问题。我国的世界遗产究竟应走一条什么样的发展道路？国内外的实践经验就是在保护的前提下发展遗产旅游，即利用可持续的遗产旅游来拉动遗产地的文化保护和经济发展。

3. 可持续旅游是处理好遗产保护与旅游开发关系的有效途径

由于世界遗产是人类社会拥有的珍贵资源，是全人类的共有财富，《保护世界文化和自然遗产公约》里明确指出世界遗产首先要强调保护，保护遗产的真实性和完整性。但同时，由于"世界遗产"的珍贵性、稀有性和独有的价值，其产生的旅游吸引力也是巨大的，遗产地的旅游开发，往往能为本地带来巨大的经济效益和社会效益。因此《世界遗产公约》中也提出遗产的保护要在当地社会和经济生活中发挥一定的作用，即不仅有保护的一面，同时也有发展的一面。于是，保护和开发，成为所有遗产地发展中一个重要的难题。

世界遗产资源的珍贵性及全人类共有的属性，要求对它的开发不能只顾当代利益，还要考虑后世人的利益。可持续旅游发展要求旅游与自然、文化和人类生存环境成为一个整体，以不破坏其赖以生存的自然资源、文化资源及其他资源为前提，并能对自然、人文生态环境保护给予资金、政策等全方位支持，从而促进旅游资源的持续利用。可持续旅游强调在保护的前提下合理、有限度地开发旅游资源，这无疑是处理好遗产保护与开发间关系的有效途径。

4. 可持续旅游是武当山旅游业持续发展的必由之路

通常来讲，旅游资源具备的垄断性越强、等级越高、组合状况越好、珍稀性越强，其旅游开发价值越大。武当山因其旅游资源密度高、文化内涵丰富而极具旅游开发潜质。武当山的旅游开发始于20世纪80年代，尤其是自1994年被列入世界文化遗产名录后，武当山旅游的发展取得了显著成就。武当山基本形成了立体化交通网络，较完善的旅游服务设施和基础设施，投入巨资加强了文物的保护和修复。目前，武当山旅游业已经成为鄂西北重要支柱产业和湖北省旅游业的重要支撑和核心板块。同时，在旅游开发中，武当山也出现了开发与遗产保护产生矛盾冲突及不可持续发展的局面。

世界遗产是遗产地最珍贵的旅游资源，本地要持续发展旅游业，要求实现资源的可持续性，遗产地只有走可持续旅游发展之路，首先使资源得到有效保护，使其真实性和完整性得到完好保护，才能谈到旅游业的可持续发展。同时，旅游资源具有易损性，常常一旦遭到破坏就很难恢复。截至2024年，全球1223个世界遗产中，已经有53处被列入《濒危世界遗产名录》。我国不少遗产地，如世界文化遗产丽江古城，目前就面临严峻的过度开发问题，每年数百万游客的涌入使古城生态环境受到严重破坏。殷鉴不远，武当山旅游业要想获得持续发展，必须慎防过度开发。目前武当山每年除了"黄金周"或举办重大活动等情况时出现旅游高峰期，尚未出现类似丽江古城的过度开发和"屋满为患"状况，更应未雨绸缪，坚持走可持续旅游发展之路。

三、武当山生态与文化多样性保护

长期以来,关于文化遗产保护与旅游开发的关系存在两种观点。一种观点认为旅游开发有利于文化遗产的保护,开展遗产旅游是文化遗产保护的必由之路,对文化遗产旅游开发持积极态度,理由有:发展旅游能给文化遗产保护提供经济支撑;丰富了文化遗产的内涵和载体;使文化遗产得以宣传,提高民族认同感和自豪感;使一些衰落的文化遗产得以恢复和振兴;可以提高政府和民众对文化遗产的保护意识;凸显地方特色和民族特色,提高本地旅游业的吸引力和竞争力。另一种观点则认为旅游开发破坏了文化遗产的文化原真性,造成了文化的庸俗化、舞台化及商品化,使文化遗产的独特性和多样性遭到冲击,使文化遗产赖以生存的文化环境遭到削弱和破坏,对文化遗产的旅游开发持消极态度。

经过多年的实践和理论探索,世界各国日益认识到文化遗产保护与旅游开发之间存在一个合理的区间:如果控制在一个可控的范围内,就可以实现良性互动发展。旅游开发在为文化遗产保护带来诸多好处的同时,文化遗产的保护反过来也能够增强区域旅游的文化独特性和旅游竞争力,从而实现文化遗产保护与旅游开发二者之间的良性互动发展。

随着大众旅游的兴起,旅游开发对旅游目的地经济、社会和环境产生了显著的影响,表现较为突出的则是旅游目的地生态和文化多样性的影响。伴随着旅游产业对当地自然环境和社会文化结构负面影响的出现及加深,人们开始探索保护性旅游开发的发展思路。武当山旅游资源开发的主题也将在平衡开发与保护之间产生。

(一)生态环境(生物多样性)保护

就旅游开发的全球经验来看,世界上许多国家和地区都经历过旅游的快速发展不可避免地带来的一系列的环境问题。众多的案例研究表明,旅游者通过旅游活动,如住宿、交通,在土地利用与保护、接触自然、生物种群等方面对环境（生物多样性）产生影响。甚至对环境破坏最小的生态旅游，都会对当地环境造成影响和破坏。

武当山旅游资源开发对生态环境的保护，应当在保证生态环境完整性和尊重武当道教文化的前提下，由旅游区开发建设部门、管理部门、当地政府、游客和民众共同努力，平衡社会、经济和环境三方面收益，实现旅游的可持续发展。在旅游规划方面，要将保护性体现在产品开发之中，遵循自然生态规律；在景区景点开发方面，开发部门应当考虑环境的承载能力，有计划地对典型性的生态旅游资源进行开发，设计科学合理的旅游路线；在旅游管理方面，需要考虑环境的容量范围，避免短期经济行为，寻求经济、社会与环境的平衡；在游客方面，必须培养尊重与保护旅游资源和旅游环境的意识。

（二）文化多样性保护

旅游已然成为人们文化生活的重要部分，更有学者认为，通过旅游可以"保护当地居民的文化和土地"。在旅游的冲击下，具有民族特色的地方性文化呈现出纷繁复杂的变迁景象：宗教生活的再阐释、族群经济、劳力的再分配、权利的失衡以及更多文化要素的重组，人们已经不再认为旅游对文化的影响仅限于"庸俗化"和"商品化"，而更强调全球化背景下地方文化的再建构、文化表述、保护与发展的命题。[①]

和保护生物多样性相对应的，应该是尊重文化多样性。武当山旅游中最具本土文化特色的旅游资源是道教文化，武当道教文化特色鲜明地区别于楚文化，从而成为武当山旅游基本的吸引物。文化具有开放性，不是静止不变的，它必须随着时代进步，受多重因素的影响与制约而发生变迁。国内外旅游开发实践表明，适当的旅游开发形式是对传统文化进行合理的解读与再造，开展恰当的商品化包装，是推动地方特色文化发展的正确路

---

① 杨慧. 旅游、人类学与中国社会[M]. 昆明：云南大学出版社，2001.

径，也是旅游地文化的再建构与文化表述。因此，武当山道教文化开发，必须坚持文化多样性原则，避免道教文化肤浅表演化、商品化以及文化传承的两极分化，从根本上传承、保护武当山道教文化精神，恢复道教文化关注人与自然、社会和谐的文化个性。

四、武当山旅游开发战略转型

（一）完善旅游产业管理体制，推动地方政府职能转变

改革开放以来，武当山理顺行政管理体制，释放体制活力和政策红利是武当山高质量发展的关键。与全国大多数地方政府类似，在旅游发展的起步阶段，武当山采取了政府主导型发展模式。在资本与相关资源方面，武当山旅游经济得到了湖北省的有力支持，融资成本以及政策的较大优势，使武当山在融资渠道上严重依赖上级政府以及政策性贷款。在此基础上，凭借廉价的劳动力成本以及土地成本，使武当山可以以较低成本集中资金与相关资源投入到文旅产业发展中。在巨大的历史惯性驱动下，武当山依然将资本、资源视为文化旅游产业发展中最重要的发展要素。尽管近年来随着文旅产业转型的不断深入，加上土地、劳动力成本的上升以及外部旅游环境的变化，在短期内依然会带来正向的报酬收益增长，但旅游资本和资源要素支撑武当山旅游产业发展的效用长期红利正在逐渐衰减。因此，亟须破解武当山特区旅游产业发展过程中的路径依赖。在旅游产业转型升级过程中，国家和湖北省政府需要改革现有的旅游产业管理体制，减少地方政府作为市场主体参与旅游产业当中，降低地方政府对资金、土地等初期生产要素的直接依赖。

（二）旅游开发中高生态环境代价向经济、社会、生态和谐发展转变

近年来，随着武当山旅游业的蓬勃发展，武当山基础设施建设规模越

来越宏大，改建索道、扩建高速公路武当山出口、换乘中心、武龙宫景区旅游公路、登山神道和山上山下主题民宿、高星级宾馆、"武当一梦"文旅综合体等服务设施层出不穷。旅游开发导致巨大的生态环境压力：一是环境污染严重。大量旅游者的到来导致生活垃圾及污、废水排放问题，另外"白色垃圾"也带来严重的"视觉污染"。二是生态破坏，水土流失严重。景区内外大量基础设施建设导致大面积的坡耕地水土流失。在建设中，稳定的山体滑坡，塌方和泥石流现象出现，不仅对文物和景观环境造成了破坏，也导致部分古建筑构件损毁。三是南水北调中线水源区生态约束机制。武当山旅游经济特区全境属于南水北调中线水源地保护区，旅游资源的开发应充分考虑生态环境的承载力，将资源开发建立在生态环境可承受范围内，努力实现经济、社会和生态环境的和谐统一发展。

（三）建立合理科学的旅游产业政策体系，推动产业协调发展

在武当山现有的旅游产业管理模式之中，武当山特区管委会往往过多介入产业经营当中，作为微观的参与者而非中观上的引导者，政府通过招商以及直接投资直接介入旅游产业经营活动，不利于其他产业主体的培育及成长。上级政府应通过政策引导，转变地方政府角色，盘活市场资源，培育产业创新要素，通过科学的政策体系鼓励支持旅游企业改革，充分发挥旅游企业在旅游产业转型升级中的创新主体作用。充分发挥文旅产业在配套产业上的综合带动性，从而推动旅游产业与本地经济的协调发展。

（四）构建兼容性的发展体系，降低路径转换成本

由传统旅游产业向文化旅游转型升级是许多旅游目的地未来的发展方向与发展要求，这一转型升级的过程中，需要对传统的发展路径进行根本性转变，然而在政府以及旅游相关企业已经完全接受并适应了旧的发展模式的情况下，一旦选择新的发展路径，政府和企业都面临较高的转化成本，使政府以及相关企业经过利益权衡之后，继续沿用之前的发展路径，拒绝进行路径创新实践，要保证路径转化的顺利进行，实现产业转型的目标，需要构建全方位兼容性的发展体系，减少产业主体在路径转换过程中的转化成本。这一发展体系的构建关键在于在进行任何形式的路径创新时兼顾旧的发展路径。如针对武当山旅游经济发展模式组织新的制度安排时，应当延续或者部分延续旧的制度安排，使旅游产业管理主体以及经营主体有充足的时间评估预期收益，适应制度变化。而在制定新的产业规划时，也应当充分考虑兼容过去的相关规划，尽管过去的发展规划一定程度上导致了目前面临的低效现状，但是通过对其兼容，一方面可以减少投资浪费的风险，提高资源利用效率，降低对过去的投资变为沉没成本的顾虑，提高规划主体的积极性。另一方面可以从过去的规划中吸收经验。如武当山在旅游产业转型升级的过程中，规划建设了许多投入资金资源巨大，但是运营效果不佳的文旅项目，这些文旅项目投资金额巨大、规划建设时间长、涉及主体众多，管委会对其抱有很高的收益预期。在路径重构的过程中，这些已经建成及在建的项目会极大增加路径转换的成本及风险。因此，在路径创新时构建兼容性的发展体系才能保证产业主体能动的实践空间，最终改变发展轨迹，实现发展路径上的突破。

第二章

武当山旅游发展历程

从地理区位上看，武当山位于中国气候南北交界地带，处于我国地形三级阶梯中第一级和第二级过渡地带，山高林密，生物多样性突出，是中国先民们居住繁衍之地。从文化地理背景上看，楚国早期都城丹阳位于武当山麓的丹水之滨，武当山区域是早期荆楚文化发源地，南北文化交融和荆楚文化积淀在此非常突出。自先秦时期，武当山就因山高林密和远离政治中心，受到了修道者的青睐，修炼者纷至沓来。唐太宗兴建五龙祠，武当道教由此兴起。宋元两代以真武神为信仰的武当道教正式形成，是道教发展的一个高峰期。

传统社会的旅行活动与一定的经济条件和交通条件有着紧密的关系，大都是以商贸旅行为主。各种非经济目的的旅行活动在不同时期的历史文献中也有所反映，其中以文人漫游、宗教旅行较多。

第一节 武当山历史上的重要旅行事件

一、尧舜禹征伐三苗

自黄帝之后，华夏部落联盟出现了三位杰出的部落领袖：尧（唐尧氏）、舜（有虞氏）、禹（夏后氏）。在此期间，南方的三苗部落打开了北上中原发展的道路。而中原地区的华夏部族在涿鹿之战战胜东夷部族后，不断发展壮大，开始向南方发展活动。武当山"周回八百里"，境内重峦叠嶂，溪河纵横。汉水汇集了丹水、堵河等河流，由西向东穿越武当山。其中的丹水又称丹江，是一条重要的水道，是直接沟通关中平原和南阳盆地、江汉平原的重要通道。从新石器时代遗址的分布状况看，当时关中与南阳盆地之间的交通主要是沿着丹江河谷进行的。由于地理环境和战略地位的原因，这一区域是中国早期原始部落争夺的重点。中国历史上著名的禹伐三苗"丹水之战"就发生在这里。

据史料记载，武当山地区最早的部落战争，是尧舜禹在丹水征伐武当山最早的土著居民有苗（三苗）部落的战争[①]。《竹书纪年》《吕氏春秋》等云："尧与有苗战于丹水之浦。"《韩非子·五蠹》载："有苗不服，乃修教三年，执干戚舞，有苗乃服。"始于尧舜禹的丹水征伐三苗战争历经三代君王和长期战役，到禹才结束了战争。

尧伐三苗——公元前3000年前后的五帝后期，以湖北天门一带为中心发展的三苗族联合体，其势力已北扩至河南淅川、内乡、南阳、桐柏等地。为解除三苗对华夏的威胁，公元前23世纪继任华夏联合体领袖的唐尧氏首领尧率中原各族进攻三苗。在淅川、内乡以南的丹江之滨，大败三苗，将其驱逐至三危（渝鄂交界处山区）。豫南三苗各部大都归附，但仍时叛时服。

舜伐三苗——约公元前22世纪有虞氏首领舜继为华夏联合体领袖后，江汉地区的三苗又与豫南各部联合向北扩展。舜率众将其击退后，为巩固战果，对豫南三苗实施文教，将其迁至汝州、禹州以北，郑州、洛阳以南地区，加强交流，变其习俗，使融于华夏族中；对江汉地区三苗，则进行武力打击。但终舜之世，亦未将三苗征服。

禹伐三苗——夏后氏首领禹，在治水和攻苗中有功，继舜为华夏联合体领袖。为了安定南疆、统一江汉，对三苗发动了大规模的进攻。首先击败了汉水以北、实力最强的应城、天门一带的三苗；接着又击败了汉水以

---

① 甘毅臻. 禹之"干戚舞"——武当山及中国武术诞生的标志[J]. 军事体育进修学院学报，2006（3）.

南荆门、江陵一带的三苗；最后再击败长江以南公安、石首及澧县一带的三苗。三苗中的一部，被并于华夏族中，大部退逃至湘、桂、川、滇地区[①]。

尧舜禹伐三苗的战争最终以华夏部落的胜利而告终。随着伐三苗的胜利，不仅解除了南方的威胁，还打开了中原文化南下发展的通途，中原文化进入南阳地区对于后来中原王朝发展起了重要作用。

二、徐霞客问奇武当

徐霞客（1587—1641），名弘祖，字振之，号霞客，今江苏江阴人。天启三年（1623），36岁的徐霞客抱着游览太和、了却夙愿的明确目的，从他的家乡南直隶江阴出发，在游览太华山（即华山）之后，乘船沿汉江支流丹江直下，前来鄂西北。他从丹江石庙湾渡口（今河南省淅川县西南丹江南岸）下船，入郧县境（今湖北省十堰市郧阳区），正式开始了他的五天武当之行，并且写下了名垂千古的《游太和山日记》一文。

十一日登仙猿岭。十余里，有枯溪小桥，为郧县境，乃河南、湖广界。东五里，有池一泓，曰青泉，上源不见所自来，而下流淙淙，地又属淅川。盖二县界址相错，依山溪曲折，路经其间故也。五里，越一小岭，仍为郧县境。岭下有玉皇观、龙潭寺。一溪滔滔自西南走东北，盖自郧中来者。渡溪，南上九里冈，经其脊而下，为蟠桃岭，溯溪行坞中十里，为葛九沟。又十里，登土地岭，岭南则均州境。自此连逾山岭，桃李缤纷，山花夹道，幽艳异常。山坞之中，居庐相望，沿流稻畦，高下鳞次，不似山、陕间矣。但途中蹊径狭，行人稀，且闻虎暴叫，日方下舂，竟止坞中曹家店。十二日行五里，上火龙岭。下岭随流出峡，四十里，下行头冈。十五里，抵红粉渡，汉水汪然西来，涯下苍壁悬空，清流绕面。循汉东行，抵均州。静乐宫当州之中，踞城之半，规制宏整。停行李于南城外，定计明晨登山。

---

① 甘毅臻，蔡仲林.禹伐三苗之战对武当山武术形成的影响[J].搏击（武术科学），2006（1）.

十三日骑而南趋，石道平敞。三十里，越一石梁，有溪自西东注，即太和下流入汉者。越桥为迎恩宫，西向。前有碑大书"第一山"三字，乃米襄阳即宋代著名书画家米芾笔，书法飞动，当亦第一。又十里，过草店，襄阳来道，亦至此合。路渐西向，过遇真宫，越两隘下，入坞中。从此西行数里，为趋玉虚道；南跻上岭，则走紫霄间道也。登岭。自草店至此，共十里，为回龙观。望岳顶青紫插天，然相去尚五十里。满山乔木夹道，密布上下，如行绿幕中。从此沿山行，下而复上，共二十里，过太子坡。又下入坞中，有石梁跨溪，是为九渡涧下流。上为平台十八盘，即走紫霄登太和大道；左入溪，即溯九渡涧，向琼台观及八仙罗公院诸路也。峻登十里，则紫霄宫在焉。紫霄前临禹迹池，背倚展旗峰，层台杰殿，高敞特异。入殿瞻谒。由殿右上跻，直造展旗峰之西。峰畔有太子洞、七星岩，俱不暇问。共五里，过南岩之南天门。舍之西，度岭，谒榔仙祠。祠与南岩对峙，前有榔树特大，无寸肤，赤干耸立，纤芽未发。旁多榔梅树，亦高耸，花色深浅如桃杏，蒂垂丝作海棠状。梅与榔本山中两种，相传玄帝插梅寄榔将梅嫁接于榔，成此异种云。共五里，过虎头岩。又三里，抵斜桥。突峰悬崖，屡屡而是，径多循峰隙上。五里，至三天门，过朝天宫，皆石级曲折上跻，两旁以铁柱悬索。由三天门而二天门、一天门，率取径峰坳间，悬级直上。路虽陡峻，而石级既整，栏索钩连，不似华山悬空飞度也。太和宫在三天门内。日将晡黄昏，竭力造金顶，所谓天柱峰也。山顶众峰，皆如覆钟峙鼎，离离攒立；天柱中悬，独出众峰之表，四旁崭绝。峰顶平处，纵横止及寻丈。金殿峙其上，中奉玄帝及四将，炉案俱具，悉以金为之。督以一千户、一提点，需索香金，不啻御夺。余入叩匆匆，而门已阖，遂下宿太和宫。十四日更衣上金顶。瞻叩毕，天宇澄朗，下瞰诸峰，近者鹄天鹅峙，远者罗列，诚天真奥区也实在是未受人世礼俗影响的中心腹地！遂从三天门之右小径下峡中。此径无级无索，乱峰离立，路穿其间，迥觉幽胜。三里余，抵蜡烛峰右，泉涓涓溢出路旁，下为蜡烛涧。循涧右行三里余，峰随山转，下见平丘中开，为上琼台观。其旁榔梅数株，大皆合抱，花色浮空映山，绚烂岩际。地既幽绝，景复殊异。余求榔梅实，观中道士噤不敢答。既而曰："此系禁物。前有人携出三四枚，道流即道士株连破家者数人。"余不信，求之益力，出数枚畀给予余，皆已黦烂，且订约定无令人知。及趋中琼台，余复求之，主观仍辞谢弗有。因念由下琼台而出，可往玉虚岩，便失南岩紫霄，奈何得一失二，不若仍由旧径上，至路旁泉溢处，左越蜡烛峰，去南岩应较近。忽后有追呼者，则中琼台小黄冠即小道士以师命促余返。观主握手曰："公渴求珍植，幸得两枚，少慰公怀。但一泄于人，罪立至矣。"出而视之，形侔相同金橘，漉渗以蜂液，金相玉质，非凡品也。珍谢别去。复上三里余，直造蜡烛峰坳中。峰参差廉利棱角锋利，人影中度，兀兀欲动。既度，循崖宛转，连越数重。峰头土石，往往随地异色。既而闻梵颂声，则仰见峰顶遥遥上悬，已出朝天宫右矣。仍上八里，造南岩之南天门，趋谒正殿，右转入殿后，崇崖嵌空，如悬廊复道，蜿蜒山半，下临无际，是名南岩，亦名紫霄岩，为三十六岩之最，天柱峰正当其面。自岩还至殿左，历级坞中，数抱松杉，连阴挺秀。层台孤悬，高峰四眺，是名飞升台。暮返宫，贿其小徒，复得榔梅六枚。明日再索之，不可得矣。十五日从南天门宫左趋雷公洞。洞在悬崖间。余欲返紫霄，由太子岩历不二庵，抵五龙。舆者轿夫谓迂曲不便，不若由南岩下竹笆桥，可览滴水岩、仙侣岩诸胜。乃从北天门下，一径阴森，滴水、仙侣二岩，俱在路左，飞崖上突，泉滴沥于中，中可容室，皆祠真武。至竹笆桥，始有流泉声，然不随涧行。乃依山越岭，一路多突石危岩，间错于乱蒨野草丛翠中，时时放榔梅花，映耀远近。过白云、仙龟诸岩，共二十余里，循级直下涧底，则青羊桥也。涧即竹笆桥下流，两崖蓊葱蔽日，清流延回，桥跨其上，不知流之所云。仰视碧落，宛若瓮口。度桥，直上攒天岭。五里，抵五龙宫，规制与紫霄南岩相伯仲。殿后登山里许，转入坞中，得自然庵。已还至殿右，折下坞中，二里，得凌虚岩。岩倚重峦，临绝壑，面对桃源洞诸山，嘉木尤深密，紫翠之色互映如图画，为希夷即唐末隐士陈抟，号希夷先生习静处。前有传经台，孤瞰壑中，可与飞蒨作四。还过殿左,登榔梅台,即下山至草店。华山四面皆石壁,故峰麓无乔枝异干;直至峰顶,则松柏多合三人围者;松悉五鬣,实大如莲,间有未堕者,采食之,鲜香殊绝。太和则四山环抱,百里内密树森罗,蔽日参天;至近山数十里内,则异杉老柏合三人抱者,连络山坞,盖国禁也。嵩、少之间,平麓上至绝顶,樵伐无遗,独三将军树巍然杰出耳。山谷川原,候同气异。余出嵩、少,始见麦畦青;至陕州,杏始花,柳色依依向人;入潼关,则驿路既平,垂杨夹道,梨李参差矣;及转入泓峪,而层冰积雪,犹满涧谷,真春风所不度也。过坞底岔,复见杏花;出龙驹寨,桃雨柳烟,所在都有。忽忆日已清明,不胜景物悴忧伤情。遂自草店,越二十四日,浴佛后一日抵家。以太和榔梅为老母寿。

徐霞客的《游太和山日记》是一篇见解深邃、慧眼独具的地理学著作,不仅为后人留下了一条自华山入鄂西北、登武当山的最佳路线图,记录了鄂西北经济发展、社会生活、道观建筑、生态环境、自然与人文信息,而且对武当山与嵩山、华山等地的植被、气候差异做了全面的比较,做出了恰如其分的科学解释。

徐霞客的游山线路及日程安排:第一天,游迎恩宫,过草店,游遇真宫、太子坡、天津桥、九渡洞、十八盘、紫霄宫、榔梅祠、朝天宫、三天门、太和宫、金殿、晚宿太和宫;第二天,再游金顶、蜡烛峰、上琼台观、中琼台、出朝天宫右,游南岩宫南天门、正殿、石殿、飞升台、晚宿南岩宫;第三天,从北天门下,游滴水岩、仙侣岩、竹笆桥、青羊涧、青羊桥、五龙宫、自然庵、凌虚岩、榔梅台诸名胜,即下山至草店。该游记以纪实的手法,记录他游览武当山的所见所闻,可谓一篇景点明确,路线清晰的导游指南。尤为可贵的是,他对武当山的自然环境、生态植被等均做了详尽的记录。如走到回龙观时,他描写道:"满山乔木夹道,密布上下,如行绿幕中"。走到南岩时,但见"数抱松杉,连阴挺秀"。游记结尾处,他还将武当山与华山的植被状况进行了对比:"华山四面皆石壁,故峰麓无乔枝异干……太和则四山环抱,百里内密树森罗,蔽日参天。至近山数十里内,则异杉老柏合三人抱者,连络山坞。盖国禁也。"

三、明文人漫游武当

明成祖敕建武当山宫观群后,其作为"皇室家庙"与道教圣地的地位得以确立,自此名扬天下。有明一代,各路文人纷纷登临武当山游览,与神道上络绎不绝的使臣、香客以祀神祈福的宗教朝拜不同,文人士大夫以"出门见山水"为人生一乐,寄情山水而以自然风景为审美对象——"其宫观壮丽可观也,但非野人所好",所走路线在神道基础上更适于山水品赏,留下了大量游记文学作品。这个时期的主要游记作品有:陆铨的《武当游记》、顾璘的《游太和山记》、徐学谟的《游大岳记》、陈文烛的《游太和山记》、汪道昆的《太和山记》和《太和山后记》、王世贞的《自均州由玉虚宿紫霄宫记》等四篇、王在晋的《游太和山记》、袁中道的《玄岳记》、雷思霈的《太和山记》、谭元春的《游玄岳记》、徐宏祖的《游太和山日记》、杨鹤的《参话》、尹伸的《参游记》等。

吕笑、杜雁(2013)通过对各篇游记描述的游览路径和重要节点进行归纳统计,得到明代文人士大夫游览武当山的东、西两条神道的具体路径和游览停留点[①]。

东路:静乐宫—迎恩宫—修真观—治世玄岳牌坊—遇真宫—元和观—玉虚宫—回龙观—太子坡—复真观—紫霄宫—南岩宫—榔梅祠—朝天宫——天门—二天门—三天门—朝圣门—太和宫—金顶。

西路:静乐宫—迎恩宫—修真观—治世玄岳牌坊—遇真宫—元和观—玉虚宫—仁威观—五龙宫—仙龟岩—仙侣岩—滴水岩—北天门—南岩—榔梅祠—朝天宫——天门—二天门—三天门—朝圣门—太和宫—金顶。

---

① 吕笑,杜雁. 基于明代文人游记的武当山神道路径分析[C]. 中国风景园林学会. 中国风景园林学会2013年会论文集(上册),北京:中国建筑工业出版社,2013: 77—80.

其中乌鸦岭为东西路径的交汇点,过乌鸦岭后,榔梅祠—朝天宫——天门—二天门—三天门—朝圣门—太和宫—金顶为共同路线。

明代武当山神道分东、西两路,东神道多走山腰和脊地,视野较开阔,西神道多穿谷跨涧,空间较幽闭,文人上下山往往分走东西神道而周历各宫观。这两条游览路线均以静乐宫为游览起点,以金顶为终点,主要游览节点与武当山天地人的总体空间布局吻合,说明文人的游览活动虽不以朝山进香为主要目的,游览行程却遵循武当山宗教建筑群整体空间秩序的引导。

四、壮观的宗教朝拜

武当山在明代时被誉为"治世玄岳",是"天下第一名山"和皇室的"万世家庙",地位的尊崇和道教的兴盛吸引了来自全国各地的香客信士。

民间信士到武当山朝山进香源起于何时,已不可考,但在明代,它与泰山、普陀山、杭州的天竺山同为最流行的烧香去处①。朝山进香一般有两种形式:一是进散香,指以家庭为单位的个体朝山进香活动,各个进香者或以个人代表全家,或带领家眷朝山进香,朝山时间也不统一,称为进散香。二是香会进香。朝山进香须经过一定的旅程,单独行动多有不便,于是居住在同一地区的信士,常有结社之举。武当山一年四季都有香客朝香,不过由于香客多为农民,农闲时香客较多。每年正月到四月为进香旺季,称"春香";九月冬小麦播种后,又出现一个高潮,称"秋香"。大致言,一年中集中的时间为春节、三月初三(真武降生日)、七月十五日(中元节,民间俗称鬼节)、九月九日(真武飞升日、重九登高节)前后。

朝山游览活动盛况空前:"四方朝礼者蚁度鱼贯,扳援而上,到处狂呼,荷荷声闻……即轩冕贵人,与村媪俗子肩相摩也"②"四方士女,持瓣香

---

① 陈宝良. 飘摇的传统:明代城市生活长卷[M]. 长沙:湖南人民出版社,1996.
② [明]王在晋. 游太和山记[C]//程明安,饶春球,罗耀松. 武当山游记校译[M]. 北京:中国文联出版社,2002.

戴圣号，不远千里号拜而至者，盖肩踵相属也"①，以至于王世贞感叹"奔走四海之士女，争先而恐失，好泣鼓舞，望之若慕，即之若素，彼何所取由来哉"②。

明方升《大岳志略》记载："山当均房之交，周回八百里。由蜀而来者自房入；由汴而来者自邓入；由陕而来者自郧入；由江南诸郡而来者自襄入。"③武当山朝山进香民俗分布具有全国性的地域分布，是一个全国性的道教信仰民俗，而不仅仅是分布于湖北、河南两省的地方性道教信仰民俗④。朝山香客主要涉及的省市有今北京、河北、山东、山西、陕西、甘肃、安徽、江西、江苏、浙江、福建、河南、湖北、湖南、广西、广东、云南、四川、台湾等。

第二节　武当山旅游发展的历史机遇

一、武当山旅游业发展历程

武当山旅游始于 20 世纪 80 年代，大致经历了四个阶段。

（一）发轫期

20 世纪 80 年代初到 90 年代初，是武当山旅游的始发阶段。党的十一届三中全会以后，国家开始鼓励各地方发展旅游业，推动旅游业从"政治接待型"向"经济经营型"转变。为了充分整合开发武当山丰富的文化资源和旅游资源，湖北省在这一时期对武当山管理体制进行了积极的改革探

---

① [明]王士性著，周振鹤编校：《王士性地理书三种·五岳游草》卷6《楚游上·太和山游记》.
② [明]王世贞. 游太和山记——自南岩历五龙出玉虚记[C]//程明安，饶春球，罗耀松. 武当山游记校译[M]. 北京：中国文联出版社，2002.
③ [明]方升. 大岳志略（卷三）. 明嘉靖十五年（1536年）刻本.
④ 杨立志. 武当进香习俗地域分布刍议[J]. 湖北大学学报（哲学社会科学版），2005（1）.

索，以期统一协调景区发展、文物保护以及本地行政管理之间的关系，初步建立了旅游管理体制。1980年7月，湖北省成立"武当山风景区筹备处"，1982年2月，成立"武当山风景区管理处"。1985年3月，"武当山风景区管理处"与"武当山镇人民政府"合并，成立"武当山风景区管理局"，为副县级行政机构，1986年12月升格为县级。1987年，景区管理局与镇政府分设，1993年再次合并，成立"武当山风景区管理局（镇）"，实行一套班子、两块牌子体制，由丹江口市代管。这一阶段的发展动力来源于管理体制调整，释放政策活力。

（二）发展期

1994年到2003年，是武当山旅游快速建设阶段。1994年12月，武当山"申遗"成功是武当山旅游腾飞的起点。此后，武当山旅游发展驶入快车道。2003年1月19日，遇真宫主殿遭遇大火被烧毁，同年6月，湖北省再一次调整武当山管理体制，决定成立省级武当山旅游经济特区，实行封闭管理，特区拥有县级政府绝大部分职能，由十堰市代管。1980年到2003年期间，尽管1994年武当山古建筑群被列入世界文化遗产名录，武当山的旅游资源开发为社会所关注，但是受限于区位限制、基础设施建设、资金、体制变迁等因素，旅游产业发展相对较慢，2002年全年武当山仅接待20余万游客，财政收入仅2000余万。这期间，体制改革带来的推力以及文化遗产带来的旅游品牌效应是支撑武当山旅游经济增长的主要驱动力。

（三）加速期

2003年到2012年，是武当山旅游迅速发展时期。2003年武当山被设立为省级旅游经济特区之后，大量财政资金以及支持性政策汇入武当山，旅游经济开始进入快速发展时期。景区相关基础设施快速建设，交通条件逐步改善，旅游收入持续增长，到2012年，武当山旅游接待人数达425.5

万人次，实现门票收入2.1亿元，旅游总收入22.9亿元，分别是2003年的13.2倍、24.4倍、40倍。2008年5月印发的《中共湖北省委湖北省人民政府关于建设鄂西生态文化旅游圈的决定》（鄂发〔2008〕16号），提出了开发整合鄂西地区旅游资源，建立以武当山、神农架为核心的鄂西生态旅游圈，完善以旅游业为引擎的产业联动发展机制。武当山将旅游发展的落脚点从风景区经济提升到区域经济层面，实现了从山区小镇到旅游经济特区的历史性跨越。这一时期，围绕着武当山丰富的旅游资源，旅游产品供给、旅游配套服务快速发展，旅游产业实现了较大幅度的增长。在交通等基础设施建设基本完善，财政扶持力度不断加大的情况下，武当山悠久的文化品牌和丰富的旅游资源优势得以充分发挥，成为这一时期推动武当山旅游经济快速发展的主要动力。

（四）转型期

2012年至今为武当山旅游产业发展的转型期。这一时期，在中央发布《国家"十二五"时期文化改革发展规划纲要》，提出要积极发展文化旅游，发挥旅游对文化消费促进作用的大背景下，武当山特区为摆脱对门票经济的依赖，挖掘武当山文化资源的品牌价值，提升旅游产业附加值和文化内涵，积极推动旅游产业向文化旅游产业转型升级，以武当山养生文化、太极文化为着力点，增加文化旅游供给，吸引社会资本，加大文化旅游项目投入建设力度。2016年5月31日，湖北省人民政府印发《湖北省旅游业发展"十三五"规划》，提出要进一步将旅游业发展成全省支柱性产业，打造核心旅游品牌，构建鄂西山水民俗旅游廊道和鄂西生态旅游板块，从顶层设计的角度为武当山向文化旅游产业转型发展进行了规划引导，进一步明确了未来文化旅游产业的战略布局。为实现这一目标，武当山提出要建设"十大工程""百个重点项目"的行动计划。2021年12月31日，湖北省人民政府印发《湖北省旅游业发展"十四五"规划》，提出将"一江两山"

（长江三峡、神农架、武当山）整体打造为有国际影响力的旅游品牌,将武当山建设成为富有文化底蕴的世界级旅游景区。近几年,武当山特区大力推进旅游业转型升级,加强全域旅游目的地建设。以人文环境和旅游氛围为特色赋予武当山城市功能旅游化,突破传统景区的单一管辖范围,以旅游业统筹社会经济发展,旅游业的经济引擎功能、文化扩散作用、环境改善质量和社会协调效应日益显著,初步实现了景区与城市之间的有效融合。这一阶段区域联动、产业协同、融合创新是武当山文化旅游产业发展的主要驱动力。

二、武当山旅游发展的历史机遇与预期目标

2018年10月,国务院批复《汉江生态经济带发展规划》,汉江生态经济带正式上升为国家战略。《汉江生态经济带发展规划》在第五章指出要"加强武当山古建筑群世界文化遗产的保护管理和展示利用,大力发展旅游和文化产业"。《湖北汉江生态经济带开放开发总体规划（2014—2025年）》指出"结合武当山宗教文化、武术文化和独特的自然风光,打造世界知名文化旅游品牌,将武当山建设成为国际知名旅游目的地"。国家战略为武当山旅游发展明确了发展目标,从景区定位、发展思路、预期目标等方面做出了清晰的预设。

（一）武当山旅游发展环境

"十四五"时期,武当山仍然处于重要战略机遇期。

从全国看,我国已转向高质量发展阶段,正加快构建新发展格局,大力实施"一带一路""中部地区崛起""长江经济带""汉江生态经济带"等一系列重大战略,为我们拓展了新的发展空间。

从全省看,实施"一主引领、两翼驱动、全域协同"区域发展布局,加快"襄十随神"城市群建设,为武当山旅游经济特区在全省发展大格局

中更好发挥比较优势，打造高质量发展增长极创造了有利条件。

从全市看，着力构建"一核带动、两翼驱动、多点联动"区域发展格局和"一主三大五新"现代产业体系，为武当山旅游经济特区在全市发展布局中打造"国际旅游胜地、东方康养名都、中华文化重镇"提供了强力支撑。

从旅游发展看，旅游产业已成为全球发展势头最强劲和规模最大的产业之一，2024年，我国旅游业对GDP的贡献达到9.4%，[①]全员旅游时代已经来临。武当山通过"云旅游"培育消费意愿，加强景区智慧化提升服务效能，叠加国家文旅政策纾困与湖北文旅消费券刺激，形成供需两端协同发力，旅游市场快速复苏。数字武当、"武当一梦"等新业态、新产品旅游需求出现爆发式增长，旅游产业呈现出蓬勃发展的良好态势。

（二）武当山旅游发展思路

武当山要坚持"国际旅游胜地、东方康养名都、中华文化重镇"战略定位，推动观光旅游向休闲旅游、文化体验旅游转型升级。实现"国家全域旅游示范区""国家级生态文旅康养度假区"两大目标，建设"武当山核心景区""武当山传统文化园区""太极湖旅游度假区""乡村休闲旅游体验区"等四大旅游主体功能区。

1. 坚持"一个定位"

"国际旅游胜地、东方康养名都、中华文化重镇"是一个面向国际、走向国际、融入国际的定位。武当山凭借独一无二的世界文化遗产、国家重点风景名胜区、著名的道教圣地，具备了成为"国际旅游胜地，东方康养名都，中华文化重镇"的条件。这一国际定位为武当山发展指明了方向，也是武当山发展的中长期目标。

[①] 中国旅游研究院（文化和旅游部数据中心）.2019年旅游市场基本情况[EB/OL]. [2025-04-06]. https://www.mct.gov.cn/whzx/whyw/202003/t20200310_851786.htm, 2020-3-10.

2. 实现"两大目标"

创建"国家级全域旅游示范区"和"国家级生态文旅康养度假区"是"十四五"期间要实现的两个目标。武当山旅游经济特区已具备了实现这两个目标的良好基础，通过实现这两个目标，促进武当山旅游业全区域、全要素、全产业链发展，将其打造成高品质的国际生态文化旅游康养高地。

3. 建设"四大旅游主体功能区"

为实现武当山旅游经济特区"十四五"确定的创建"国家全域旅游示范区"和"国家级生态文旅康养度假区"两个目标，需建设"四大旅游主体功能区"：一是建设武当山核心景区。进一步推进武当山核心景区的旅游基础设施建设，加快"智慧景区"和"诚信景区"打造步伐，丰富景区旅游产品，提升武当山核心景区的竞争力和品牌影响力。进一步改善旅游交通条件，加快景区设施建设和提升城镇旅游服务功能。通过交通加强四大旅游主体功能区之间的连接，形成快速、安全、无障碍核心旅游环线。通过景区改善与建设，提升整体服务能力和水平，明晰武当山旅游品牌识别度。二是建设武当山传统文化园区。加快推进武当文化园区配套设施建设，全方位、高效率服务好文化园区建设工作。三是建设太极湖旅游度假区。加快推进太极湖旅游度假区基础设施建设项目，择机运营老子公园，开设旅游度假新产品，全面升级太极湖旅游度假区。四是建设乡村休闲旅游体验区。大力发展特区乡村休闲旅游，推进农旅文融合发展，鼓励相应产业园区建设，开设"乡愁"体验项目，发展民俗文化，促进民俗文化向文旅产品转化。

总之，武当山旅游进入重大历史发展时期，要立足武当山世界文化遗产丰富多样的旅游资源，在国家战略的指导下，坚持"国际旅游胜地、东方康养名都、中华文化重镇"战略定位，实现"湖北旅游、武当突破"的战略使命。

第三章

武当山旅游资源价值分析

武当山又名太和山,是我国著名的道教圣地,位于湖北省西北部十堰市境内,东接历史文化名城襄阳市,南依莽莽原始森林神农架林区,北临南水北调中线工程水源区丹江口水库,景区总面积为312平方千米。

武当山风光秀美,自然景观有72峰、36岩、24涧、10石、9台等胜景。主峰天柱峰海拔1612米,在这里还衍生出武当道教、武当道乐和武当武术等文化范畴的精髓,加上武当山特有的生物资源和多彩的民俗文化,构成了武当山丰富的旅游资源。1994年12月,武当山古建筑群被联合国教科文组织列入《世界文化遗产名录》。此后,武当山旅游业获得快速发展,已成为我国国家级风景名胜区和5A级旅游景区。随着武当山知名度的不断提高,游客人数也在不断增加,旅游经济效益、社会效益和环境效益不断攀升。然而,旅游开发在给遗产地带来巨大的经济效益的同时也对旅游资源的保护带来新的冲击。

第一节 武当山地理环境概述

一、武当山自然地理环境

武当山位于湖北省十堰市境内汉江南岸,属大巴山的北脉,山系呈东西方向展布,西北端发源于鄂陕交界处的秦岭,东南端止于襄阳市南,延绵 260 余千米，长江南绕，汉水北回，层峰叠嶂，被誉为亘古无双胜境，天下第一仙山。以老君堂至五龙宫一线为界，其北为汉江丘陵谷地，海拔在 100~500 米；其南为武当山山地，主峰天柱峰海拔为 1612 米，凌耸九霄，孤起挺秀。主峰周围群峰环绕，形成独特的"七十二峰朝大顶，二十四涧水长流"的天然奇观。《均州志》卷十五《参山赋》言武当山："四达旁通，左邻邓、洛，右界岐、雍，吐汉含汋，欦华歠嵩，绵亘乎八百余里，包络乎七十二峰，一起一伏，或横或纵，径途奥突，洞壑玲珑。二十四涧浚其足，三十六崖帝其胸，壁立千仞，去天盈尺。"

武当山天柱峰周围，河谷深切，溪涧纵横。以武当山为发源地的水系有 3 条，分别为剑河、东河、九道河。长江最大的支流汉水流经武当山下，1968 年修筑丹江口水库大坝，建成蓄水后形成一个亚洲最大的人工湖，即丹江口水库。2012 年丹江口大坝加高以后，整个丹江口水库水域面积超过 1000 平方千米，蓄水量达 290.5 亿立方米，成为南水北调中线工程的水源地，向河南、河北、北京、天津等 4 省市的 20 多座城市供水。

武当山地处北亚热带季风气候区，具有南北过渡的气候属性；同时，自丹江口水库沿岸至天柱峰顶，气候的垂直带分布明显，具有丰富多样的局地小气候。武当山气温分布的基本特征是随山势的增高而递减，景区内海拔 300 米以下年平均气温为 15~16 ℃，最高峰金顶为 7.7 ℃。武当山湿润多雨，降水量随海拔高度提升呈增加趋势，海拔 800 米以上区域年降水量超过 1000 毫米，因而也形成了武当山变幻莫测的云雾景观，有时雾罩群峰，从金顶俯视，如临海观潮一般。

武当山为我国北亚热带常绿落叶阔叶混交林地带，秦岭大巴山地区丘陵栎类林、巴山松、华山松林区，景区内南北植物混杂，竞相生长。明代徐霞客《游太和山日记》中记载，武当山"满山乔木夹道，密布上下，如行绿幕中""四山环抱，百里内密树森罗，蔽日参天"。同时，武当山地区还有多种兽类、鸟类、爬行类、鱼类和昆虫类动物。

二、武当山文化地理背景[①]

"武当"之名最早出现在《汉书》中,《汉书·地理志》南郡有"武当县"。武当山相传为真武大帝得道飞升之处,在明成祖兴建武当山之前,已以"非真武不足以当之"而闻名。唐末五代时期,著名道士杜光庭将武当山列为道教三十六洞天七十二福地的第九福地。第一部武当山志元代《武当福地总真集》记载,武当山应"翼、轸、角、亢"分野,在均州之南。武当山位于楚、郑接壤之处,在古均州城的南面,东面是襄阳,南面是荆山,西面可通竹山到四川,北面是南阳邓州,春秋战国时期位于楚、秦、韩、郑各国的交界处,是楚国西北的战略重地,"荆襄襟带,雍豫咽喉"说明了其历史地理区位的重要性;《舆地纪胜》记载武当属均州,"东连襄沔,西彻梁洋,南通荆衡,北抵襄邓"。

从地理环境来看,武当山位于我国东西褶皱带南秦岭和大巴山东延之间,北面为南秦岭,南面和西面为大巴山系,东面为南襄盆地和江汉平原,汉水从其东北绵延向东南而去汇入长江。

分析武当山历史区位可以发现,武当山处于豫、梁、荆、雍交汇之处,是秦、楚、巴、韩四国交界处。在道教发展的早期,武当山一直处于中原文明与巴楚文明的交汇处,在春秋战国时期,武当山附近是重要的铁矿产地,其东北、东南为秦、楚间的交通要道。秦时自武关到襄阳的驰道自西北向东南从武当山脚而过。汉代从长安到南方的重要陆路先向东南经商洛、武关、丹水(均州)、淅(淅川)到宛(南阳),然后折向新野、襄阳一路南下,一直到唐代,武当山北、东、南都是长安、洛阳向襄阳、荆州直至湖广地区的重要通道。同时武当山东麓为汉水,汉水河谷自古以来就是沟通东西的走廊,是西部高原走向中部盆地和东部平原的重要通道之一,《诗经·周南·汉广》中的"汉"即汉水,汉水文化带至迟到战国时期已

[①] 杜雁. 明代武当山风景名胜理法研究[D]. 北京:北京林业大学,2015.

形成①，古均州汉水边早有"沧浪"之名，古时水运交通十分便利。

在中国历史发展的前期以及道教发展的早期，武当山的交通并非僻远不便，反而在当时的交通条下，武当山处于中原文化圈的西南边缘，距离长安、洛阳等古都向南的必经之地不远，紧邻水路、陆路交通要道。

根据各朝代历史地图还可以发现，武当山的西南部为神农架地区，高山险阻，人迹罕至，历代均无建设。因此，武当山的区位处于"文野"之间，较早进入道家的视野，为修道者探索开发，此其原因之一。如相传春秋时期道教学说最早的传播者尹喜即入武当山归栖，据《太平御览》记载："《南雍州记》曰：武当山有石门石室，相传云尹喜所栖之地"，《武当福地总真集》记载武当山有尹喜岩，"一名尹仙岩，翠峦耸笔，玉涧调琴，昔文始先生隐此"。即传说中的尹喜岩栖炼丹之所。尹喜因此成为有文字记载的最早来武当山隐居修炼和传播道家思想的人物。

第二节 武当山自然旅游资源

武当山虽以"文化遗产"被列入世界遗产目录，但与其人文资源相比，武当山的自然景观也毫不逊色。武当山自然景观集中国各大名山的独特之处于一身，既有泰山的雄伟、华山的险峻，又有衡山的秀丽、峨眉山的清凉、黄山的奇、青城山的幽。武当山自然景观有"七十二峰、三十六岩、二十四涧、十一洞、三潭、九泉、十石、九台"等之称，均各具特色，风光优美。自古以来武当山优美的自然风光一直吸引着无数的道教修仙者、帝王将相、文人墨客和隐士们。明代地理学家徐霞客盛赞武当山"山峦清

---

① 从地理位置上看，汉水流域位于我国自然地理南北差异的过渡带，既是黄河流域和长江流域南北两大文化板块的接合部，又是南北文化交融、转换的轴心。流域内的汉中盆地、南阳盆地和襄阳盆地，是我国西部和中部地区南北交往的通道。西北是以长安为中心的关中平原，东北是以洛阳为中心的伊洛平原，东南是以武汉为中心的江汉平原，西南是以成都为中心的成都平原。

秀、风景幽奇",认为"玄岳出五岳上",这里还有着"顶镇乾坤举世无双胜境,峰凌霄汉天下第一仙山"的美誉。最著名的自然景观为"七十二峰朝大顶,二十四涧水长流",海拔 1612 米的主峰天柱峰,如擎天一柱,拔地冲霄,周围有七十二峰拱立,二十四涧环流,天柱峰如一座巨大的神龟,坐落在群山之巅,其余诸峰均俯身颔首朝向主峰的"万山来朝"奇观。联合国赴武当山考察组专家也盛赞武当山美丽的自然风貌,其中一位专家考斯拉评价说:"武当山是世界上最美的地方之一,因为这里融汇了古代的智慧、历史的建筑和自然的美学。"新建设中的太极湖新区与武当山交相辉映、山水一体,形成山上山下一片湖光山色的胜景。

现就主要胜景简要介绍如下。

一、七十二峰

现代所见最早提到武当七十二峰的书籍,是宋代王象之编撰的《舆地纪胜》。全面记载七十二峰名称方位和景色的文献是元代刘道明所撰的《武当福地总真集》。下面以《武当福地总真集》为主要依据,罗列七十二峰如下:

(1)大顶天柱峰。

一名参岭。高万丈(海拔 1612 米),居七十二峰之中,上应三天,当翼轸之次。俯眺均州、邓州、襄阳、房州千里之地。晨夕见日月之降升,常有彩云密覆其岭。峰顶东西长七丈,南北阔九尺,四围皆石脊,如金银之色。《武当山赋》云:"大顶居中,众山来宗。屹若长人,抚摩诸峰。"

(2)显定峰。

在大顶之北,一名副顶。上应显定极风天。翠巘倚空,人迹不及,祥云瑞气,弥漫其间。

(3)万丈峰。

在大顶之东北,海拔 1448 米。峭壁万丈,高耸入云。

（4）狮子峰。

在大顶之北，一天门之上。苍峦突出，踞镇云端，俨然狮子之形。

（5）皇崖峰。

在大顶之北，上应太安皇崖天。金碧障空，瑞光交映，夕阳回景，辉射九霄，雨霁之间，飞虹绚彩，可仰而不可及。

（6）小笔峰。

在大顶东，海拔 1458 米。孤岭卓立如毫端。

（7）紫霄峰。

在大顶东北，峭拔端立，影入霄汉。石作金星银星之色，竹木交翠，紫云缭绕。

（8）雷石峰。

在大顶之西北，山南路经此登大顶。迭石架空，献瑰纳奇，跧伏拱立，如虎如神，杂以烟云林木，可敬可玩。

（9）贪狼峰。

（10）巨门峰。

（11）禄存峰。

（12）文曲峰。

（13）廉贞峰。

（14）武曲峰。

（15）破军峰。

此七峰在天柱峰之北。势如北斗拱极之象，昂霄耸汉，左参右立，云开雾幕，绰约璇枢。

（16）中笏峰。

在大顶之北。石如圭瓒，鞠躬朝顶，类进趋之势。

（17）千丈峰。

在大顶之西。群山之中，超然独出。

（18）大莲峰。

（19）小莲峰。

二峰在大顶之西南，相望并秀。棱层崔嵬，婷婷然如隐清波，春夏之时，明媚尤绝。

（20）大笔峰。

（21）中笔峰。

二峰相峙于莲峰之间，千仞石笋，直插云天，犹如双管齐挥，云黄雾蓝。

（22）紫气峰。

（23）落帽峰。

在中笔峰之北，巨灵镇应，险绝难攀。

（24）白云峰。

在大顶之西。紫盖皇崖，东西亘拱。

（25）紫盖峰。

在大顶之西五龙宫之南二十里，横立太空，若牙纛森列，清晓紫气腾覆，夜间频见仙灯往来。

（26）松萝峰。

在紫盖峰西。下有松萝垭，盛产松萝。

（27）桃源峰。

在紫盖峰之北。地势阔远，峰峦叠翠。其西曰桃源洞。

（28）迭字峰。

在五龙顶南。三山迭映如字，石蹬攀缘，松竹苍翠。

（29）金鼎峰。

在迭字峰西。山形类鼎，时喷云烟。

（30）伏龙峰。

在五龙峰西。山势屈伏，瞻望西表，龙湫密迩，人迹少到。

| 031

（31）五龙峰。

一名五龙顶。上应龙变梵度天。五峰分列。

（32）灵应峰。

在五龙宫后。松杉接翠，上凌星斗。

（33）隐仙峰。

在龙顶之北。其下曰隐仙岩，前曰竹关，即五龙宫第二门。

（34）阳鹤峰。

在龙顶西北。连峰迭障，修竹茂林，寿杉数株，昔有瑞鹤宿于上，庵宇亦以此名。中有药圃、莲池。

（35）健人峰。

在大顶东北，三公山之右。上控云霄，仰冲斗牛，堂堂如天丁拱立之状。

（36）太师峰。

（37）太傅峰。

（38）太保峰。

三峰在大顶之东，又曰三公山。《武当山赋》："前向而三，若视品同秩者，槐府之公侍侧。"紫霄宫之前，如玉笋分班，鸾停鹄立，曳紫拖蓝。巫峡华顶，似难并肩，极天下俊秀，无以加此。

（39）始老峰。

（40）真老峰。

（41）黄老峰。

（42）玄老峰。

（43）元老峰。

五峰在大顶东南，一名五老峰。五峰列居，跂连巅岐，错列如笔架。

（44）仙人峰。

（45）隐士峰。

二峰在大顶之南。大岭高山，仅能企仰。

（46）大明峰。

在大顶之西矗立。正处阳明，竹木泉石，森天蔽日，山深路僻，畲原沃壤，学道者多卜居之。

（47）中鼻峰。

（48）聚云峰。

（49）手扒峰。

（50）竹筱峰。

（51）槎牙峰。

五峰在大顶之东南。一岭南飞，五峰分布，高岗深壑，迢遥数里，中有山径，名曰主簿垭，当均、房往来之道。

（52）灶门峰。

在大顶东南，云岭横铺，怪石巩竖，岚烟瘴雾，清晨如炊。

（53）九卿峰。

在大顶之南。

《武当山赋》说："傍立而九，若分职佐理者，曰卿寺之列。"峰峦秀丽，葱倩奇特，松篁花卉，分置内外。

（54）伏魔峰。

在大顶之南。接来龙之脉，山势威雄，林木挺秀。

（55）玉笋峰。

在大顶之南，亦名石人山。峰形如人似笋，故名。北有鸡冠岭。

（56）拄笏峰。

（57）大夷峰。

二峰在大顶之西。南望天柱嵩副之巘，岗领平夷，其横如带。一峰回仰如搢玉笏，一峰坦然如掌托天，皆猛兽所栖之地。

（58）把针峰。

在大顶之西。一峰尖小而高耸，颖秀可爱。

（59）丹灶峰。

在大顶之西。其山类偃月之体，昏晓之交，间有青烟紫雾，人谓之丹灶凝烟。足迹不可及。

（60）天马峰。

在大顶之西百里，一名马嘶山，一名西望峰，即武当来山之正脉。当均、房官道中，有龙井深不可测，泉清而美，商旅莫不饮爨于此。

（61）鸡鸣峰。

（62）鸡笼峰。

二峰在大顶之西，天马峰北，当均、房官道。昔有丹凤集于山巅，鸣及上下，人莫之识，指之曰天鸡。俗呼山曰大鸡鸣、小鸡鸣。

（63）眉棱峰。

在五龙顶之西，房陵登山之路。高低昂藏，萦迂盘曲三十余里而至五龙宫，两涧列乎左右，群山连峰接岫，耸其高低。石脊连蜷，如眉棱生紫。

（64）复朝峰。

即外朝山也，当均、房官道。七十峰峦俱拱天柱，独此一山飘然外居，谓去有可复之理，故名。其北平田敞豁，桑麻蔽野，鸡犬之声相闻。

（65）香炉峰。

在大顶之东北，海拔1255米，仙关之南。峣岩磊落，浮岚掩霭，千态万状。取香炉近于帝座而名。下有紫霄涧，即登山道路。

（66）九渡峰。

一名仙关，在上十八盘，大顶之东。峭峰屹嶻，上摩青苍，石径湾还，白云来去。游人到此，万虑豁然。

（67）展旗峰。

在大顶之东，海拔1015米。一柱擎天，千仞如削，东铺翠嶂，如帜飞空，宛然皂纛之形。烟霭岚横，人间紫府。

（68）金锁峰。

在展旗峰之北。地形类阁，上倚苍穹，下临青涧，石如刀剑，藤若网罗，凛凛有不可近之势。

（69）青羊峰。

在金锁峰之北。高耸突兀，林木蔚畅，传云太上驾青牛，常游于此。其下即青泉，名曰青羊涧。

（70）七里峰。

在隐仙岩北，竹关之下。一径七里，百步九折，越山度岭，即钻天，五里下即五龙接待庵。土花盈砌，山桂飘香。

（71）系马峰。

在接待庵西北。当登山正路，一峰突起，即天马台。

（72）会仙峰。

在登山大道间。仙木铺地，橡木映天。

除七十二峰之外，尚有茅阜峰、蓬莱第一峰、大小宝珠二峰、逍遥峰、金童峰、玉女峰、天门峰、望州峰、聚云峰、望顶峰等著名山峰，或峰同而名异，此不一一列举。

二、三十六岩

"三十六岩"之说，始见于《舆地纪胜》引《武当山记》："山有三十六岩。"这表明在唐、宋、明之际，民间已有"三十六岩"之说。元初成书的《武当福地总真集》对"三十六岩"的记载非常具体，后世山志皆转载其说。清代山志增记八岩云"四十四岩"，但人们习惯上仍称"三十六岩"。

（1）紫霄岩。

一名南岩，一名独阳岩。岩在大顶之北，更衣台之东。当阳虚寂，上依云霄，下临虎涧，高明豁敞，石精玉莹，形似鸾凤。万壑松风，千岩浩气，齐收眼底。幽人达士多居之，为三十六岩之第一。

（2）隐仙岩。

一名尹仙岩，一名北岩。在竹关之上，高耸入云，俯视汉水。石如玉璧，呈瑰纳奇，相传系神仙尹喜、尹轨所居，历代方士多炼大丹于此，丹室炉灶存焉。岩周围土地肥沃，遍布竹木花卉。

（3）仙侣岩。

在大顶之北，青羊涧之上，白云岩之左。面朝天门，山畲平坦，一泉自岩而出，有鸣金漱玉之声。

（4）卧龙岩。

在松萝峰下，面向东北，豁达高洁。霜天雪夜，鹤唳猿啼，清幽无比。云霭雾霾，隐现南阳气象。

（5）尹喜岩。

一名隐仙岩。在展旗峰北，翠峦耸立，玉涧调琴。昔文始先生即隐此。

（6）玉虚岩。

一名俞公岩。在仙关之东，九渡涧之上。石壁半空，岩高万仞，岩上藤萝下垂，如帘高悬；岩下涧声雷震，万壑风烟。历代多隐居者。

（7）五龙岩。

一名灵应岩。在五龙峰顶，石径崎岖，草木茂密。岩内有泉水，每遇天旱，山民祈祷如响答。下临深壑，云雾弥漫。

（8）玉清岩。

（9）太清岩。

（10）太子岩。

三岩在展旗峰下，又名三清岩。太清岩，原名修道岩，昔黄太清得道于此，因名之。

（11）皇后岩。

在皇崖峰下。峭壁陡立，鸟栖猱息之地。

（12）白云岩。

在白云峰下。岩石悬空，势极险峻。岩旁有石穴，名星牖。

(13)三公岩。

在三公峰下。自朝天宫东出三公岩,是上岩也。路险绝,难以容足。其下又有岩,亦名三公。二岩相距三舍。岩南向爽垲,幽静可居。

(14)天马岩。

在天马峰下。西涧自西来过岩下,路当均、房官道,岩石嵌空,可避风雨,昔日途经此地的商旅常宿于此,俗称岩屋。

(15)藏云岩。

在金鼎峰下。地近风岩、雷岩,雨则云起,雨后云归,其气清蒙,故名。

(16)隐士岩。

在仙人峰、隐士峰之阴。相传古时常有隐士出没其间,故名。

(17)云母岩。

(18)杨仙岩。

二岩在五龙宫东二百步。二岩对立,桃花夹径,云龛月席,面对群山。杨仙岩,即唐代道士杨华阳隐居处,故又名华阳岩。

(19)沈仙岩。

在飞升台之西。石室偃仰,泉流清幽,昔有沈仙成道于此,故名。

(20)滴水岩。

在仙侣岩之南。岩如大厦,裂石出泉,因以名之。

(21)常春岩。

一名长春岩,在七星峰下。南向,高爽敞阔,终年气候温和犹如阳春,故名。

(22)集云岩。

在聚云峰之间,五峰相蔽,岩壑如齿,宿云常堆于其间。

(23)谢天地岩。

在南岩梳妆台下。壁临深涧,如悬空中。宋代道士谢天地在此隐居修炼,故名。

（24）北斗岩。

在七星峰下。北向，上纳太虚，清寒碧峭。仰望七峰，如在斗口之魁柄中，故云北斗岩。

（25）欻火岩。

在紫霄岩之北，一名雷洞。岩呈红色，犹如火焰；周围树如龙爪，高深皆丈余。

（26）黑龙岩。

在仙关、九渡峰南，龙潭之上。

（27）白龙岩。

在飞升台下，龙潭之南。

（28）黑虎岩。

在黑虎涧下。大林巨石之中，黑虎所栖之地。

（29）升真岩。

在五老峰下。拔空腾起，其势如飞。

（30）碧峰岩。

在玉笋峰下。远望峰秀似碧纱，岩地敞垲，水土甘美，隐居者便之。

（31）仙龟岩。

在金锁峰下。石如神龟，含烟喷雾，岩居其中。

（32）雷岩。

在迭字峰下。岩下有石洞，深不知底，雷声每起于中，故名。

（33）风岩。

在大顶之下，万虎涧滨。石穴噫气，震响林壑。

（34）九卿岩。

在九卿峰下。岚气清回，犹远隔尘世。岩下有潭，深不可测。

（35）凌虚岩。

又名灵虚岩。在五龙宫西南二里许，松竹掩映，下眺皆巨杉，蓊偃阴深。

（36）太上岩。

在老君堂上。山峰围绕，地势高耸，上接紫霄，下瞰碧涧，陈柯不剪，最为幽翳。

除了上述三十六岩外，尚有法华岩、青岩、独阳岩、崇福岩、虎耳岩、悟真岩、罗公岩、清微妙华岩、簸箩岩、磨子岩、观音岩、九室岩等。

三、二十四涧

武当山天柱峰周围，山高谷深，溪涧纵横。整个武当山区雨量充沛，河流众多，但由于谷狭坡陡，大部分河流的季节性变化比较显著。夏秋季节暴雨时，河水猛涨，激流奔突，雨后河水骤退；冬春两季水流清浅舒缓，澄溪浅渚，细鱼轻翔，泉水甘冽，沙石清奇。一般溪涧都有深潭石泓，碧若翡翠，竹木掩映，杂花缀岸，清奇幽丽。人临其境，尘氛皆去，俗念顿消，恍惚有出世之感。明代公安派文学家袁中道在《游太和记》一文中说：游人乃云此山诎水，殊可笑。宋代《舆地纪胜》称武当山有"二十四涧"。元代编辑的《玄天上帝启圣录》卷一中有"七十二峰接天青，二十四涧水长鸣"之诗句。《武当福地总真集》载有二十四涧名目、方位及流向等。

（1）大青羊涧。

一名青羊涧，今俗称为东河。在大顶之北，汇诸涧而出湣河。蛟室龙宫，分列上下。春夏水泛，喷雪轰雷。夕现虹霓，朝腾烟雾。石鱼金鲤，神兽幽禽，仿佛在桃源之境。

（2）万虎涧。

在大顶之北。因水流湍急，好似风雷震怒，万虎咆哮而得名。汇入青羊涧。

（3）牛漕涧。

在尹喜岩下。飞湍而入青羊涧。

（4）桃源涧。

发源于紫盖峰，流经桃源峰下，瀑声喧于翠林花丛中。由龙潭东入青羊涧。

（5）黑虎涧。

（6）磨针涧。

二涧起自龙顶，汇于白龙潭。

（7）小青羊涧。

一名阳鹤涧。起自阳鹤峰下，东入青羊涧。

（8）金锁涧。

（9）飞云涧。

（10）瀑布涧。

起于金锁、青羊二峰之左右，俱入青羊涧。

（11）会仙涧。

在五龙顶之北。诸峰之水汇入，北出蒿口，入蒿谷涧。

（12）蒿谷涧。

自梅溪之东诸山之水汇集而成，西入青羊涧，汇入淄河。

（13）武当涧。

在大顶之东。皇崖诸峰之水汇集而成，北入紫霄涧。

（14）紫霄涧。

三公峰之水转入紫霄宫，南迤北汇入诸涧，入九渡涧。

（15）黑龙涧。

香炉诸峰之水汇前二涧，自龙潭飞流，东入九渡涧。

（16）白云涧。

在白云峰白云岩下。自五老峰出，入九渡涧。

（17）九渡涧。

汇诸涧而出为梅溪涧。

（18）梅溪涧。

因近榔梅而得名。汇武当以下诸涧，出梅溪庄，而为淄河。

（19）西涧。

自马嘶山龙井出而北，总汇西山诸涧。其河道弯曲，水流湍急，夏秋涨水，环山襄陵，商旅经月不得渡。民谚云：上得马嘶山，四十九渡不曾干。

（20）金鸡涧。

在大小金鸡峰之间，其水入西涧。

（21）雷涧。

自迭字峰雷洞之水由南入五龙涧。

（22）五龙涧。

自伏老诸峰之水，由雷涧出西涧，自蒿口汇入青羊涧，再入梅溪涧，合为淄河，东北入汉水。

（23）鬼谷涧。

自大顶之南出，汇山南诸峰之水，东入双溪涧。

（24）双溪涧。

自大顶东南诸峰之水交汇鬼谷涧，由浪河西北入汉水。

第三节　武当山道教古建筑群

一、武当山道教古建筑群建设历史沿革

（一）肇　始

武当山古建筑群具体始建于何时已不可考。根据古籍文献记载，先秦两汉时期武当山已有简陋的石室、石洞，隐居修道者多栖息于此。汉高祖五年（公元前202），置武当县，那时候还算不上是严格意义上的宫观。

魏晋南北朝时期，宗教建筑开始增加，如西晋初年荆州都督羊祜建成武当山寺；东晋华阴令徐子平弃官学道，隐居于武当山砂朗涧下，为祀建石鼓庵。

武当山道教古建筑始建于唐贞观年间（627—649）。当时均州刺史姚简祈雨成功，唐太宗命即其地建五龙祠，这是武当山志记载由皇帝敕建的第一座祠庙。从此揭开了武当山宫观建筑的序幕。

（二）发　展

宋元时期，武当山古建筑群不断增修扩建，初具规模。到北宋宣和年间，宋徽宗创建紫霄宫。这一时期，西神道成为朝山主线。南宋后期，道教建筑遭受破坏较大。元朝，是武当道教迅速发展的时期，宫观建筑的规模日益扩大。元世祖忽必烈入主中原后，元朝皇室为笼络人心，利用道教加强统治，进一步扩大了建筑规模，是武当山古建筑群迅速发展的时期。到元代后期，武当山古建筑群形成较大规模，全山共有"九宫八观"等60余处道教建筑。

（三）鼎　盛

明朝是其鼎盛发展时期，现在保存的古建筑大部分建于明朝。明成祖朱棣为平息"靖难之役"夺取侄子皇位的舆论压力，声称得到武当真武大帝的保佑，是顺应天命的结果，敕建武当山，酬谢神灵，巩固统治。此后，武当山成为皇室宗庙，为朝廷祈福消灾。明永乐九年至二十二年（1411—1424）明成祖派遣30万军民工匠前往武当山，耗时14年，在方圆800里[①]的崇山峻岭间，修建了九宫八观三十六庵堂等33组建筑群（图3-1）。明世宗嘉靖三十一年（1552），皇帝拨内帑银十一万两重修各宫观，建"治世玄岳"石坊一座，使宫观常年完美，始终如新。

---

① 1里=500米。

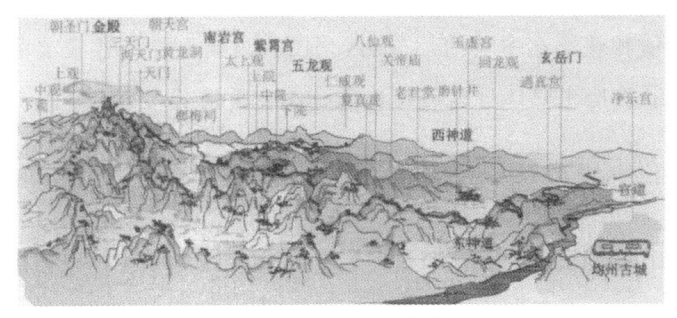

图 3-1　武当山古建筑群

图片来源：中国城市规划设计研究院上海分院《十堰2049远景战略规划》项目成果。

（四）衰　退

到了明朝末期，皇帝昏庸，政治腐败，爆发农民起义，李自成攻克均州，焚烧了镇守武当山的太监提督府，结束了明王朝对武当山道教及宫观群长达200多年的直接管理。

清朝，由于当时的清政府不推崇道教，武当山古建筑群处于"休眠"期。前期建筑保养与修复主要依靠道士化缘和地方官的资助，没有大规模的兴建和扩建。晚期，由于社会动荡，因自然和人工毁坏的建筑，再也无力修复。

清末至民国期间，或毁于兵火，或遭破坏，或坍塌，武当山建筑规模逐渐缩小。

1949年后，党和政府对武当山古建筑采取了一系列保护措施。湖北省政府把全山古建筑列为全省重点文物保护单位；金殿、紫霄宫、"治世玄岳"石牌坊、南岩宫、玉虚宫遗址等被列为国家重点文物保护单位。国家拨专款修复和重建二百多间三万多平方米，修复三条登山古神道以及古桥十几座。

二、武当山道教古建筑价值研究

学者张成渝、谢凝高曾经在《世纪之交中国文化与自然遗产保护与利用的关系》一文中，将文化和自然遗产的价值主要分为自然科学价值、历史文化价值和建筑艺术价值。①而武当山古建筑群作为建筑类的世界文化遗产,它的价值主要体现在建筑价值和文化价值两个方面。

(一)建筑价值

武当山古建筑群的整体布局是以天柱峰金殿为中心,以官道和古神道为轴线向四周辐射。北至响水河旁石牌坊为 80 千米,南至盐池河佑圣观 25 千米,西至白浪黑龙庙 50 千米,东至界山寺 35 千米。古建筑群采用皇家建筑法式统一设计布局,整个建筑气势雄伟,主题突出,井然有序,构成一个完美的整体。

一是形式上,体现在结构、材料和施工等方面的科学成就。在营建时,明成祖朱棣下旨"相其广狭""定其规则""其山本身分毫不要修动",营建武当山的材料不是就地取材,而是从陕西、四川等地采买。能工巧匠们想了许多办法顺应自然、巧夺天工,结构的设计、使用的材料和建造的工艺,有些至今仍是未解之谜。如太子坡的九曲黄河墙、五云楼的"一柱十二梁"、太和宫金殿的"雷火炼殿"等被誉为建筑史上的奇迹,至今都令人叹为观止。武当山古建筑在营建时,充分利用峰峦的高大雄伟和岩涧的奇峭幽邃,使每个建筑单元都建造在峰、峦、岩、涧的合适位置上,其间距的疏密、规模的大小都布置得恰到好处,使建筑与周围环境有机地融为一体,达到时隐时现,若明若暗,玄妙超然,混为一体的艺术效果。

二是内容上反映出历史上的科技成果和科技水平。对于中国建筑史而言,武当山古建筑群是研究明朝建筑的"活化石"。虽然中国的建筑史历史悠久,但不幸的是,留下的国家建筑标准只有《营造法式》(宋)和《工程做法》(清),明代的国家建筑标准随着《永乐大典》的被毁,也无从考证,造成了建筑史的断层。而武当山古建筑群所形成时期,是中国古代木结构

---

① 张成渝,谢凝高. 世纪之交中国文化和自然遗产保护与利用的关系[J]. 人文地理,2002(2).

建筑发生变革之际，反映在建筑法式上，它既不同于北宋《营造法式》，也与清《工程做法》有区别，形成了独特的匠作制度，可以填补两者之间的缺失，起到了承上启下的作用。

（二）文化价值

武当山古建筑群的设计建造独具风格，规模宏大、规划严整、技艺高超，具备独特的文化内涵。武当山古建筑群从文化形式看，既有土建、石建，又有木建、铜建，各尽其妙；从文化内涵上看，武当山古建筑始于汉、兴于唐、盛于明，浓缩了道教发展史，而明之大修宫观又折射出了明之政治、经济和文化面貌，史料价值丰厚；从反映的思想内涵来看，武当山古建筑总体的构思体现了神仙思想；从"南修武当、北修故宫"来看，武当山古建筑又是皇家建筑文化的反映；从建筑艺术和技巧来看，武当山古建筑不仅积淀了历代的建筑风格，而且有些技艺堪称独步，如太子坡"九曲黄河墙、一柱十二梁"。

1. 历史文化方面

武当山的发展与道教历史互为印证，是道教从初步兴起发展到繁荣鼎盛，直到渐渐淡出历史舞台整段历史演变的见证者。同时，还能折射出历史上某一时期的文化、社会、政治、军事、科学、经济、工业发展的阶段性成果。武当山古建筑群上每一座宫观庙宇的传说，每一块碑刻匾文上的文字，是在几千年间书写的历史。如明朝时期的"靖难之役"，清朝的"削藩"等历史事件都在武当山上留下了一笔印记，这些为元明清时期的历史和武当道教发展历史提供了宝贵的参考资料。

2. 宗教信仰方面

武当山古建筑群从选址到布局，从体量、形制、色彩到装饰无不体现着道教文化和道教思想。武当山是我国唯一的一座纯粹的道教名山，对真武大帝的信奉是朱棣大肆修建武当山古建筑群最重要的缘由之一。如武当山古建筑群从整体上看犹如天关地轴之像，按照古人的说法天关和地轴分别指的就是蛇和龟，而《楚辞补注》中曾记载过"玄武，谓龟蛇也"，即龟蛇就是武当山主神玄武帝的化身。这也是选择在武当山供奉真武大帝、修建建筑群的主要原因。此外，依据道教的思想，洞天福地是人间仙境，于是将武当山的建筑分为"人间""仙山""天国"三个部分进行规划设计，着力营造仙境氛围，以体现名山福地、神仙境界的设计思想。

3. 艺术审美方面

武当山古建筑群集中了我国古代优秀建筑式样，不仅有皇宫般宏伟的建筑美，还融汇了园林的幽美、道观的奇妙和民居的朴素，艺术形式美独一无二。此外，在武当山的各大宫观庙宇里有许多宗教造像、书画、石雕、木雕和玉雕。一方面，起到美化建筑的作用；另一方面，传达"吉祥如意""长生不老""羽化登仙"等文化内涵美的象征意义。内容多取材于道教民间传说，人物故事大都采用具象的表现手法，栩栩如生，艺术价值很高，亦为建筑群增辉不少。

4. 科学研究方面

武当山古建筑群拥有大量的建筑、碑刻、宗教造像等资源，承载了丰富的科学知识，在建筑学、宗教学、人类学、民族学、历史学、考古学、艺术学等领域有不可多得的、珍贵的研究样本和资料。同时，由于历史上的诸多原因，武当山古建筑群从汉代开始，就不间断地被修葺、扩建、重建及焚毁，客观上促使其见证了中国从古代到现代的建筑技艺及文物保护技术，具有非常重要的研究价值。

总之，武当山古建筑群是建筑史上的伟大创举，是古代规划、设计、建筑的典范，是世界建筑史上的珍贵遗产。

第四节　武当山国家级非物质文化遗产

一、武当山宫观道乐[①]

武当山宫观道乐源远流长。东汉末年，道教五斗米教诞生不久，由蜀地汉中向武当山传播。武当山地区的五斗米教神祀仪式通常以巫祝在歌舞中进行。古时的巫是通过歌舞"娱神""降神"达到祈福的目的。这种师巫而舞的形式对宫观道乐中的踏罡步斗、走"禹步"有深远影响。

南北朝时期，北魏帝王崇信道教，在华山、嵩山修行的寇谦之道士对道教进行了改革，要求天下道徒"一从吾乐章诵诫新法"，在完善的道教科仪中设坛诵经，特别是将直诵道经改为乐诵，即念经改为唱经，这是道教音乐又一发展时期。由于北方人士不断入山采乐，寇谦之改革形成的这种道教音乐也随之传入武当山。

唐贞观年间，均州太守姚简设坛祈雨成功，武当山因此受到关注，唐太宗敕建五龙祠。不久，唐宗室失意者不断贬居武当山地区的房县及郧县，唐代的宫廷音乐被带到了武当山。

五代陈抟道士曾在武当山修道二十余年，他熟读经史，音乐修养高，常"行歌坐乐，日游市肆"。

南宋高宗赵构诏武当山主持孙寂然赴临安皇宫设醮唱道，不但将武当山的道乐引进宫廷，同时将宫廷雅乐带到武当山，这些对武当山的道乐产生了深远的影响。

元代诸帝推崇真武神，特别是元仁宗与真武生日相同，故每逢圣诞，必在武当山设醮祝贺。仁宗之后，这种为皇帝生日建醮的势头有增无减，甚至一年多达四次。这种由皇室直接安排的唱经、诵经和道教歌舞不但规模大、品位高，而且影响深远。

[①] 中国非物质文化遗产网·中国非物质文化遗产数字博物馆．武当山宫观道乐[EB/OL]．[2023-12-05]．https://www.ihchina.cn/project_details/12594/．

明代是武当山道乐最辉煌的时期。明初，太祖朱元璋设神乐观，以道士冷谦定雅乐。明成祖朱棣登基后，大修武当，功成作乐，亲自撰写《大明御制玄教乐章》，供武当山道士演唱，并敕令神乐观派400名乐舞生充实到武当山道观。这种史无前例的举动，将武当山宫观道乐提升为宫廷雅乐，成为当时最重要的音乐活动，同时确定了武当山的宫观道乐在中国音乐史上的特殊地位。明代后期，武当山宫观道乐更趋向民间音乐形式。

明末清初，武当山两度兵火，数宫观遭焚，道众锐减，道乐式微。

清代，由于武当山道教由明代官方推崇到清代民间流行，朝山进香活动已成为河南、四川、湖北、陕西等省乡民的习俗，吹吹打打的朝山队伍，将各地民间音乐带到武当山，使武当山道乐进一步世俗化。从武当山道乐流行的曲牌来看，清代和民国流行的曲调居多，有些道乐除使用道教经卷和保持乐器组合及演奏规则之外，乐曲的风格已和民间音乐没有多大的区别。

武当山宫观道乐是我国民族音乐的瑰宝。它在大多数情况下是歌、舞、乐一体的表演形式，依体裁形式可分为"韵腔"和"牌子"两大类。根据演奏场合、对象和目的的不同，又可将"韵腔"分为"阳调""阴调"两类；"牌子"分为"正曲""耍曲""法器牌子"三类。常见器乐曲牌有"山坡羊""梧桐月""迎仙客"等，唱诵曲牌有"普供养""斗老赞""王母赞"等。

唐代贞观年间，武当山始建五龙祠，自此以后，道教的正一、全真等教派先后来山开宗布道。历代高道名师也相继在此隐居修炼，长期的宗教活动留下了极为丰富的音乐资料。武当山宫观道乐既保留了全真派"十方韵"的音乐特色，又具有多教派音乐混融的风韵，而且各类韵腔与法器牌子俱全，是道乐中不可多得的重要文化遗产。目前，武当山宫观中的"玄门日诵早晚课""祖师表""萨祖铁罐施食祭炼科范"等（全套）科仪音乐均得到及时传承，妥善而完整地保存了下来。武当山宫观道乐古老纯真的曲调是其他任何音乐所不可替代的，它极大地拓宽了民族音乐学科，为我国民族音乐的发展留下了深刻的启示。

2006年5月20日，武当山宫观道乐入选第一批国家级非物质文化遗产名录。

二、武当武术①

武当武术的发源地在湖北武当山，其创始人是元末明初的武当道人张三丰。张三丰将《易经》和《道德经》的精髓与武术巧妙融为一体，创造了具有重要养生健身价值，以太极拳、形意拳、八卦掌为主体的武当武术。

武当武术具有鲜明的道家文化特征，是武功和养生方法的天然结合体，既具有深厚的传统武术文化底蕴，又含有精湛的科学道理。太极拳强调"先以心使身"而后再以"身从心"，形意拳讲究"用意不用力，意到气到，气到力达"，八卦掌要求走转圈"化意念足"，这些都体现了道家"包藏至道"以达"想推用意终何在，益寿延年不老春"的健身宗旨，符合把形体训练与心理训练相结合的内养外练的运动观念。

武当武术理论体系和技术体系完整,它以"宇宙整体观""天人合一观"为宗旨，以"厚德载物""道法自然"为原则，以"动静结合""内外兼修"为方法，形成诸多各具特色的拳功剑法，既有功理和功法，也有套路操作和主旨要领，这些都集中体现在张三丰的《太极拳总论》《太极拳歌》和《太极拳十三式》三大经典之中。

武当武术原本以武当山为文化空间。历史上，武当山有无数高隐之士和专业修道者栖息，经过他们的修炼和传播，武当武术技艺日精，声誉日隆，最终遍及中华大地。

2006年5月20日，武当武术入选第一批国家级非物质文化遗产名录。

---

① 中国非物质文化遗产网·中国非物质文化遗产数字博物馆. 武当武术[EB/OL].
[2023-12-05]. https://www.ihchina.cn/project_details/13787/.

| 049

三、武当山庙会[①]

庙会又称"庙市",是在寺庙及其附近定期举行的一种民间信仰活动,流行于全国各地。一些大型庙会在唐代已有相当规模,至今仍传承不绝,影响广泛。各种庙会都有自己规定的会期,大多为某个传统农历节日或宗教及民间信仰纪念日。庙会具有集中性、群体性、固定性的特征。庙会期间,各种民俗活动、技贸活动得以当众充分展示,活动内容丰富多彩,迎神赛会也是庙会的一种形式。

武当山庙会是由信徒们独特的朝山进香活动演化而成的一种民俗活动,流行于湖北省十堰市的武当山地区。庙会每年共有两期,时间为农历腊月二十三至第二年的三月十六、九月初一至九月初十,其中以三月三、九月九的庙会最为隆重。

武当山庙会始于东汉末年,兴于宋而盛于明清,主要活动内容包括朝山进香、做斋醮道场、举行民间艺术活动等。朝山进香有三种形式,一是香会进香,二是道教信徒苦行进香,三是进散香。武当道场主要是做小启朝和大启朝法事,小启朝需用一天时间,大启朝则需三天。庙会期间,民众可踏青登山、看灯览胜、观看武当武术擂台比赛、欣赏礼花燃放等表演活动。

"三月三"庙会是融道家文化、武当武术、民俗风情为一体的参与性较强的汉族传统文化活动。庙会期间,武当道教都要举行斋醮大法会、拜龙头香、信物开光、撞吉祥钟等独具道教特色的宗教系列活动。

武当山庙会是当地民俗生活的缩影,它极大地丰富了当地群众的文化生活,具有很高的民俗学和历史文化研究价值。

2008年6月7日,武当山庙会入选第二批国家级非物质文化遗产名录。

---

① 中国非物质文化遗产网·中国非物质文化遗产数字博物馆.庙会(武当山庙会)[EB/OL].[2023-12-05]. https://www.ihchina.cn/project_details/15125/.

第四章

武当山旅游供给侧分析

第一节 旅游接待业概况

一、住宿设施

武当山旅游经济特区拥有多元化的住宿设施，涵盖星级酒店、经济型酒店以及具有特色的民宿和充满野趣的露营地等新兴住宿形式，能够充分满足游客日益多样化的住宿需求。这些酒店和民宿一方面为游客营造了舒适的住宿环境，另一方面也极大地丰富了武当山的旅游资源，进而提升了武当山在旅游市场中的吸引力。

（一）酒店类型与规模

从旅游住宿业来看，武当山旅游经济特区旅游统计报表显示，全区一共有各类住宿旅馆221家，其中星级宾馆16家，1212个房间，2358张床位；非星级宾馆205家，4044个房间，7659张床位[①]。武当山君澜度假酒店、武当山建国饭店、武当山玄岳饭店、武当山宾馆等是较为知名的星级酒店，提供高品质的住宿服务、完善的设施和全面的旅游服务。武当山风景区内的各类宾馆酒店主要位于乌鸦岭商业区，部分酒店位于景区附近，方便游客游览景点，如太和宾馆位于南岩景区西侧，是徒步登山上金顶的必经之路；琼台宾馆位于琼台景区，周边环境优美，还能欣赏到日出、云

---

① 武当山旅游经济特区文化和旅游局《2023年武当山旅游经济运行情况分析》。

海等美景。景区外的住宿则多集中在武当山旅游经济特区城区和太极湖新区，交通便利，方便游客前往景区及周边其他区域。[①]

（二）民宿发展状况

近年来，武当山旅游经济特区大力推动"农文旅"融合发展，把民宿发展作为实现乡村振兴、脱贫攻坚和乡村旅游的重要抓手。截至2022年年底，全区已建成运营民宿62家。武当山的民宿数量呈上升趋势，全区在建和已建成的民宿近百家。随着旅游市场的不断发展以及游客对特色住宿需求的增加，越来越多的投资者和当地居民投身民宿经营。民宿主要分布在景区周边的村落，如武当山旅游经济特区元和观村、龙王沟村等，这些地方距离景区较近，方便游客前往景区游览。同时，也有部分主题民宿分布在环境优美、具有一定文化特色的区域，能够为游客提供独特的住宿体验。已建成运营民宿共100栋房屋（含大岳原宿、天新大酒店、武当仙馆、道舍客栈4家宾馆），590间房，1082张床位。武当山作为道教名山，民宿在设计和经营上注重与道教文化融合。许多民宿的建筑风格、装饰元素都体现了武当山的道教文化特色，如采用太极图案、八卦符号等装饰，为游客营造出浓厚的文化氛围。

从住宿的品质看，目前已打造紫霄村福地居、东天门隐仙别院、道家特色客栈、太和紫隐等一批休闲养生民宿，成功申报星级农家乐8家（三星级4家、四星级4家），太和紫隐荣获湖北省"金宿级"旅游民宿。民宿在设计上强调与自然景观结合，充分利用周边的自然景观，打造与自然和谐共生的居住环境。大部分民宿位于山林之间或靠近溪流、湖泊，游客可以亲近自然，享受宁静的乡村生活。除了道教文化主题外，还有以养生、茶文化、武术等为主题的民宿。南水北调中线工程京堰对口支援项目"武当山驿雲·元和美宿"整体租赁改造元和观村30余栋房屋，

[①] 李刚翊. 多元视角下的旅游景区服务提升路径与策略研究[D]. 武汉：武汉大学，2022.

将闲置农房打造成不同主题的民宿院落，引进武当武术传承人、武当道茶传承人等特殊人才，开展武术、道茶等特色休闲服务项目，满足了不同游客的需求。

（三）住宿设施配套服务

武当山旅游经济特区内与旅游相关的公共服务设施主要有医疗设施、环卫设施、住宿设施、消防设施等。从空间分布来看，全国第三次土地利用调查结果显示，全区旅游服务配套设施用地总面积为139.79公顷，占武当山旅游经济特区建设用地的9.3%，而在空间分布上，公共服务设施主要集中于武当山城区，景区内部旅游配套服务设施用地明显不足。其中，住宿问题最为突出：武当山旅游经济特区现有高中普通档次大小旅店221家，接待床位10017余张。以2023年平均日游客量26800人估算当地住宿床位需求，根据住宿床位数计算公式：

$$床位数\ E = N \times P \times L / K$$

式中，N——旅游人次数（人）；

P——住宿游客百分比（%）；

L——平均住宿天数（天）；

K——床位平均利用率（%）。

结合武当山实际情况，N取值26800人，P取值40%，L取值1.1天，K取值60%，则当地住宿设施需要床位数约为19653张，故武当山现状10017张床位偏少，无法满足游客住宿需求。（P、L、N根据实际调研选取）

二、餐饮服务

（一）餐饮场所类型与分布

武当山的餐饮独具特色，类型丰富多样，融合了当地的食材与传统烹饪手法。有许多主打本地特色的餐馆、农家乐、素食餐厅等。目前武当山旅游经济特区农家乐数量已达 300 余家，主要分布在元和观村。一方面，有许多以道家养生理念为指导的素斋餐厅，这些餐厅选用新鲜的山间野菜、豆制品等食材，通过精心烹制，呈现出一道道色香味俱佳的素菜佳肴，既符合道教的饮食文化，又能让游客品尝到独特的风味。另一方面，当地的特色农家菜也备受欢迎，如武当山特色的腊味、山珍炖品等，以其浓郁的地方特色吸引着游客的味蕾。此外，景区周边还分布着各类小吃摊位，售卖诸如武当山特色糕点等小吃，为游客在游览过程中提供了随时补充能量的选择。除此之外，餐饮设施的优化完善能够为游客呈上丰富多样的美食选择。一方面大力突出了当地独具特色的美食，像武当山的道家斋菜等；另一方面兼顾来自不同地域游客的口味偏好，精心打造出具有强大吸引力的餐饮环境。武当山的餐厅主要分布在景区内及城区，景区内南岩至金顶为登山古道，食材全靠人力搬运，运输成本及餐厅的租金较高，在热门景点附近的餐饮价格较高，城区及周边地区的餐饮价格较为亲民，能够满足大多数游客的需求。

（二）菜品特色

武当山的美食主要是就地取材，与道教文化之间存在紧密的联系。在食材选择方面，如鱼是比较常见的食材。这与道教文化中"有余"的思想相关，讲究做人、做事、精力都要留有余地，吃鱼也成为一种文化象征。野菜，如步步高、野菠菜被广泛应用于餐饮中。道教主张亲近自然、顺应自然，食用野菜正体现了对自然的尊重和对朴素生活的追求。豆腐是武当山餐饮中的常见菜品。豆腐的制作过程简单、质朴，与道教倡导的清心寡欲、朴素自然的理念契合。武当山的美食以清淡为主，讲究火候，保持食物的原汁原味，注重养生。道教的斋菜在武当山的餐饮中占据重要地位，斋菜的制作严格遵循道教的教义和戒律，不使用荤腥食材，注重食材的搭配和营养的均衡。随着时间的推移，斋菜不断发展和创新，形成了独特的风味和特色，吸引了众多游客品尝。

（三）餐饮服务质量

武当山大多数餐饮场所能够自觉营造与武当道教文化相关的氛围。部分主题餐厅的设计和装饰采用道教的元素，如太极图案、八卦符号等，服务员的着装也能体现出道教文化特色，让游客在就餐的过程中感受到浓厚的道教文化氛围。整体而言，武当山旅游经济特区政府相关部门对于餐饮行业的监管力度较大，注重食品安全，餐厅的卫生条件和环境布置较好。[1]十堰市每年举办"车城状元"服务技能大赛，武当山旅游经济特区每年安排财政资金用于导游、餐饮从业人员技能培训，尤其是近几年持续举办世界武当太极大会、海峡两岸武当文化论坛、世界道教论坛等高水平盛会，规范了行业管理，整治了消费环境，极大地提升了旅游服务、餐饮服务质量。

三、休闲娱乐设施

（一）休闲设施

武当山景区内部，其休闲设施与自然景观和人文景观巧妙融合，形成了独特的分布格局。各主要宫殿、道观周边，是休闲设施分布的重点区域之一。例如紫霄宫，这座宏伟壮观的道观，背倚展旗峰，四周环绕着郁郁葱葱的山林，在其周边设置了不少供游客休息、停留的区域。游客在参观完紫霄宫，感受了道教文化的庄严肃穆后，可以在这里稍作休息，缓解旅途的疲惫。太和宫位于武当山主峰天柱峰的顶端，周边的休闲设施让游客在领略绝顶风光的同时有了歇脚之处。景区外部，广泛分布着功能各异的公园、休闲广场和街区。武当山旅游经济特区的休闲广场在居民生活和游客游览中扮演着重要角色。太和广场临近商业街，游客在购物之余可以在此休息放松。广场的绿化景观设计精妙，种植着各种景观树和大片的草坪，

---

[1] 高睿. 武当山打造世界级文化旅游目的地[J]. 小康，2023（32）.

夜晚景观灯亮起，营造出温馨惬意的氛围，为周边居民和游客提供了日常休闲的理想空间。

（二）文化设施

武当山的文化设施在传承和展示武当文化方面具有重要意义，其分布广泛且各具特色。武当山博物馆是文化展示的核心场所之一，馆内收藏了大量与武当山历史文化、建筑艺术、宗教信仰等相关的文物和资料。在太极湖新区，武当艺术馆、武当大剧场、太极之夜等文化场馆如璀璨的明珠般闪耀。这些场馆集中展示了武当文化的艺术魅力，通过多种形式的展品和展示手段，向人们呈现了武当文化在艺术领域的独特表现。武当山上众多的宫殿、道观本身就是不可多得的文化瑰宝和重要的文化设施。紫霄宫、太和宫、南岩宫、复真观等著名的宫观，是道教信徒进行宗教活动的神圣场所，是承载着深厚道教文化和历史底蕴的文化殿堂。紫霄宫建筑气势恢宏，内部的建筑装饰、壁画、匾额等蕴含着丰富的道教文化内涵。太和宫作为武当山的标志性建筑之一，金殿在阳光的照耀下熠熠生辉，展示了古代建筑艺术的高超水平和独特的道教文化象征意义。南岩宫则以其独特的建筑风格和悬崖峭壁上的巧夺天工吸引着无数游客。复真观则以"九曲黄河墙、一柱十二梁"的建筑奇观令世人惊叹。

（三）娱乐设施

武当山周边的娱乐设施丰富多样，在景区周边的特色旅游区，如武当山快乐谷旅游区，有张三丰修炼的遗迹，游客可以在这里感受到浓厚的武侠文化氛围。同时，这里还拥有一系列令人心跳加速的娱乐项目，如蹦极、漂流探险、飞天滑索等。太极湖新区也是娱乐设施的集中地，娱乐氛围浓厚。花车巡游是一道亮丽的风景线，色彩斑斓的花车、欢快的音乐和热情的表演人员，为游客带来欢乐和惊喜；乐队表演和国风音乐大赏则为游客呈现了一场场视听盛宴，让游客沉浸在美妙的音乐世界中；露营篝火晚会、无人机表演以及水上实景演绎更是独具特色，通过灯光、音乐、舞蹈等元素的结合，在水面上展现出武当文化的独特魅力。

四、旅游购物

经过对武当山景区游客购物中心三大购物区以及分散在景区内的小型旅游商店的走访调查发现，武当山旅游购物品种丰富。大致可以将武当山旅游购物品分为：旅游食品、旅游纪念品、旅游工艺品、旅游日用品四大类。

旅游食品包含干货类（黑木耳、香菇、小花菇、银耳、核桃、竹笋、天麻、猴头菇、枸杞、莲子）、中药材类（葛根粉、鸡血藤、灵芝、当归、辛夷、黄柏、黄精、何首乌）、零食类（养生芡实、神农魔芋爽、神农香菇脆）、茶饮类（武当红茶、武当毛尖、武当花茶）、酒类（武当酒、武当大曲酒、武当红酒、房县黄酒）、其他（丹江翘嘴鲌、武当道家手工醋、蜂蜜）等。

旅游纪念品有书画作品、神像铜质复制品、武当木雕制品、纪念币、绿松石首饰、风水饰品、改良古风服饰、文化衫、古风鞋、复古布包等。

旅游工艺品有瓷器娃娃、手工迷你玩偶、木剑、手工钥匙扣、葫芦装饰物、葫芦摆件、奇石摆件、核桃手链、手工手链、雕根、木雕等。

旅游日用品有香、伞、帽子、鞋子、登山手杖、防滑鞋套、防晒服、雨衣、扇子、儿童玩具等；医疗用品外用膏药、艾灸条、艾灸贴、艾灸眼贴、太极肩周贴、太极颈椎贴、太极关节等。

武当山旅游购物品以小商品为主，其中部分购物品价位跨度大，如武当剑、特色服饰、雕刻制品、绿松石首饰。笔者根据武当山旅游购物品价格分布特点，将武当山旅游购物品价格分为六个档次，分别是：100 元以下、100～200 元、200～300 元、300～500 元、500～1000 元、1000 元以上。其中中低价位产品的种类占绝对优势，占整个购物品市场八成以上。中等价位的购物品主要包括酒、干货、茶叶在内的旅游食品和包括特色服饰、绿松石饰品、神像制品在内的旅游纪念品。武当山高价位旅游购物品主要包括：酒类、茶类和绿松石饰品三类产品。高价位产品的数量少且覆盖率低，旅游者消费可选择性相对较小。总体而言，武当山的旅游购物品能够做到将地方特色农产品与旅游购物有机结合，开发传统手工艺品，引进部分精品旅游纪念品，不但丰富了旅游的内涵，也对地方特色产业的传承和发展起到了较好的促进作用。

第二节　旅游交通概况

交通设施在现代旅游业中占据着极为重要的地位，便捷的交通网络能够极大地方便游客的出行。近年来，随着武当山旅游经济特区的建设及旅游业的飞速发展，省市各级政府高度重视武当山的交通建设，持续加大投入力度，致力于打造公路、铁路（高铁）以及航空立体化、高效便捷的现代综合交通体系。武当山位于鄂西北秦巴山区，受地理区位的影响，短期内武当山旅游交通网络还跟不上国内外经济发达地区发展的步伐，与其世界文化遗产的地位也极不相称。在建设安全、方便、快捷的旅游交通体系方面，武当山还有很长的路要走。

一、外部交通

（一）公路交通

在区域旅游版图上，武当山东接古城襄阳市，西靠车城十堰市，南望原始森林神农架，北临南水北调中线水源地丹江口水库，是湖北"一江两山"黄金旅游大通道上的重要旅游目的地和集散地，也是鄂西生态文化旅游圈的重要板块。境内旅游交通日益完善，有福（州）银（川）高速公路、十（堰）淅（川）高速、麻（城）安（康）高速、十（堰）天（水）高速、十（堰）巫（山）高速等高速。近几年，重大交通项目进展顺利。一是福银高速公路由武汉至西安，高速公路出口距景区入口不足 200 米，在周末和节假日经常出现严重拥堵，滞留在高速公路上的车辆绵延数十千米。2024 年 4 月，福银高速武当山互通改造工程完成并投入使用，经受"五一"长假大考，较好地解决了出口不畅的问题。二是武当山公路客运换乘中心（旅游集散中心）已投入运营，开通省内外班线近 50 条。三是"四好"农村公路建设已完成 3 大环线 70 千米，为乡村旅游发展奠定了坚实基础。四是十堰城区至武当山特区快速路玄岳大道有望 2025 年底通车。五是福（州）银（川）高速公路汉十堰段复线建设全面推进，其中武当山段扩建成双向 10 车道，将进一步改善武当山的旅游交通，促进武当山旅游业的发展。

（二）铁路交通

武当山附近有多个火车站，其中武当山站和十堰站是较为常用的两个站点。从全国各地乘坐火车到达这两个站点后，可以转乘公交车、出租车或旅游专线车前往武当山景区。例如，北京、上海、广州等城市均有直达十堰站的火车，游客到达十堰站后，可以乘坐 202 路公交车直达武当山景区。

高铁经济时代下，区域城市同城化为武当山文旅产业发展带来重大利好。武当山位于西武高铁的中间节点位置，武汉至十堰段现已通车，十堰至西安段已开工建设，预计 2026 年底通车，未来武当山到达西安最快仅需 1 小时，交通的改善极大地拉近了武当山与西安、武汉、郑州各个城市之间的距离，武当山将更加便捷地连通武汉都市圈、西安都市圈、成渝城市群、江浙城市群、北上广城市群，旅游发展空间将更加广阔。

(三）航空交通

武当山机场距景区主入口24千米，车程0.5小时。目前武当山机场仍以国内航线为主，开通北京、上海、广州、武汉、深圳、天津、成都、重庆、杭州、西安、青岛、贵阳、海口、昆明、大连、南宁、银川、呼和浩特、石家庄、珠海、济南、桂林、西双版纳、三亚、哈尔滨、温州、兰州、南京、厦门等29个城市航班。此外，在世界武当太极大会等重要文化盛会期间，临时开通十堰至香港直飞航线。

二、内部交通

武当山城区内部目前主要形成"三环四纵"的交通格局，金沙坪环线、瓦房河环线、榔梅溪谷环线与武当景区道路（旅游专线）、五龙景区道路（旅游专线）、太极湖道路、枫土路（二级公路）形成了内部主要车行交通线路。武当山城区到乌鸦岭25千米旅游公路、老君堂至琼台中观15千米索道公路都达到国家二级标准；篙口至五龙宫、官山吕家河至田阪也已修通旅游公路。

武当山景区内设有观光车，游客可以乘坐观光车游览各个景点。观光车线路覆盖了主要景点，方便游客出行。观光车的发车频率较高，游客可以根据自己的行程安排选择乘坐。对于喜欢徒步的游客来说，武当山也提供了多条徒步路线。游客可以沿着山路徒步游览，欣赏自然风光和历史文化遗迹。不过，徒步游览需要一定的体力和时间，游客需要根据自己的实际情况选择合适的路线。

景区另有两条索道交通，琼台索道全长1500米，下站设在琼台，上站设在狮子峰。设10座支架和42个吊厢，每厢可乘8人；单程时速最快为4.5分钟；运力为2000人/小时。五龙索道全长3600米，下站设在五龙宫，上站设在太上观。设19个支架和71个吊厢每厢可乘8人；单程时速最快为10分钟。

第五章

武当山旅游客源市场

第一节　旅游客源市场概述

旅游客源是旅游业赖以生存和发展的前提条件。武当山作为我国著名的旅游目的地，稳定地占有并逐步扩展数量大、质量高的客源市场，对新时代旅游业的发展，无疑具有极其重要的意义。根据武当山特区文化和旅游局的统计资料，结合2023年3月至8月武当山客源市场3次实地抽样调查数据，笔者对武当山现阶段国内外主要旅游客源市场的发展变化进行分析，并据此提出未来市场拓展的重点与策略。

一、客源市场特征

（一）人口学特征分析

武当山旅游客源结构人口学特征分析主要包含性别结构、年龄结构、客源地结构、职业结构和学历结构。

1. 性　别

根据武当山门票销售统计（见表5-1），近年来武当山游客性别比稳定性较好，总体而言男性高于女性。由于武当山旅游项目多以观光、宗教朝拜和休闲度假为主，对男性和女性同样适合。由于男女在生理、家庭和社会所处的地位和作用不同，男性和女性在旅游目的地的选择上也有所不同。

一般情况下，男性更注重旅游的娱乐性和刺激性，女性更加注重旅游的安全性和舒适度，因此武当山旅游者性别构成上以男性为主。

表 5-1　游客性别占比分析

性别	2017 年	2018 年	2019 年	2020 年	2021 年	2022 年	2023 年
男	59.5%	58.8%	61.2%	57.3%	57.1%	55.7%	60.5%
女	40.5%	41.2%	38.8%	42.7%	42.9%	44.3%	39.5%

2. 年　龄

武当山旅游者的年龄分布比较广，以中年人和青年人为主（见表 5-2）。2023 年数据显示，15～24 岁的旅游者占 10.1%，25～44 岁的旅游者占 61.4%，45～64 岁的旅游者占 27.5%，三个年龄段的旅游者占到抽样样本总数的 99%。14 岁以下和 65 岁以上的老年人两者合计只占到 1%，旅游客源市场也体现了中青年为主体的年龄分布特征。

表 5-2　游客年龄分层占比分析

年龄段	2017 年	2018 年	2019 年	2020 年	2021 年	2022 年	2023 年
14 岁及以下	0.2%	0.3%	0.2%	0.1%	0.2%	0.2%	0.3%
15～24 岁	12.1%	11.9%	11.7%	7.2%	9.3%	10.5%	10.1%
25～44 岁	58.9%	57.5%	58.1%	62.2%	61.7%	60.5%	61.4%
45～64 岁	27.1%	28.2%	28.1%	29.3%	28.4%	28.3%	27.5%
65 岁及以上	1.7%	2.1%	1.9%	1.2%	0.4%	0.5%	0.7%

3. 客源地

通过大数据分析可以看出（见表 5-3），武当山景区游客主要来自湖北、陕西、河南等周边省份。其中省内游客，主要来源是十堰、襄阳、荆州、武汉等地。省外客源市场，近程以河南、陕西、湖南为主，远程以广东、浙江、江苏、北京、山东、四川、上海等为主。

表 5-3 客源地数据分析

地区	2017 年	2018 年	2019 年	2020 年	2021 年	2022 年	2023 年
湖北	53.3%	52.3%	60.2%	59.5%	61.7%	62.3%	60.2%
河南	9.5%	9.4%	8.9%	12.2%	14.9%	13.4%	14.1%
广东	6.6%	6.2%	6.2%	5.6%	4.6%	3.5%	5.3%
陕西	2.1%	2.4%	3.0%	2.8%	2.3%	2.4%	3.1%
浙江	2.5%	2.9%	2.1%	1.7%	1.8%	1.5%	2.1%
北京	2.8%	2.1%	2.2%	2.0%	1.6%	1.4%	2.4%
江苏	2.3%	1.9%	1.8%	1.7%	1.3%	1.2%	1.7%
山东	1.9%	1.7%	1.3%	1.3%	1.1%	0.8%	1.1%
四川	1.8%	1.8%	1.2%	1.1%	1.1%	1.2%	1.1%
上海	1.9%	1.7%	1.2%	1.1%	1.1%	0.9%	1.5%
河北	2.0%	1.9%	1.2%	1.1%	0.8%	0.9%	1.1%
福建	1.9%	1.9%	1.0%	0.8%	0.8%	0.9%	0.9%
湖南	1.6%	1.7%	1.6%	1.5%	0.8%	1.1%	1.5%
辽宁	1.2%	1.2%	1.0%	0.9%	0.7%	0.6%	0.8%

4. 职业结构

一般而言，不同的职业者其收入水平、闲暇时间和受教育程度有所差异，旅游偏好、旅游方式、消费偏好等也不一样。武当山旅游者职业构成中，位居前三位的是：个体职业者（17.6%）、企业管理人员（14.7%）和行政事业单位工作人员（13.3%）。学生团体精力充沛、热情高涨，猎奇心理强，是周末等节假日武当山游客的重要部分。工人、农民和军人由于经济、生活方式或工作时间等方面的原因，参与旅游活动的频率较低，在较短时间内不可能成为市场的主体，但仍是未来武当山旅游巨大的潜在旅游消费群体。因此，从职业结构看，作为文化底蕴深厚，以宗教文化为核心的武当山旅游，正体现了旅游市场职业结构的合理性。

5. 学历结构

学历不同的旅游者，其经济收入、对外部世界的了解程度、旅游意识也不同。研究表明，学历越高，旅游者出游动机一般越强；且学历越高，出游距离一般较远。武当山以其深厚的道教文化内涵以及独特的古建筑群为旅游载体，对具备相应文化素质的旅游者有较强的吸引力。近年的统计数据表明，武当山旅游者的受教育程度普遍较高，中高等学历层次者居多，大专学历占 32.1%，本科学历占 42.3%，硕士及硕士以上占 10.4%，高中及高中以下游客占 15.2%。总体而言，武当山游客的学历层次较高。这一方面与我国国民受教育程度普遍提高有关，另一方面表明武当山旅游产品更受较高学历旅游者青睐。居民受教育程度越高，出游力越强，目的性也越强，受大众消费时尚影响较低，这为武当山客源市场定位、产品促销提供了明确的方向。

二、客源市场消费结构

1. 驻留时间

游客停留时间和平均消费是衡量一个地区旅游业发展水平的重要标志。一般而言，游客停留时间越长，平均消费越高，旅游业对当地经济的贡献也就越大。表 5-4 表明，来武当山旅游的游客中，只停留 1 天的游客比重超过 80%，停留 2 天的游客约占 11%，停留 3 天的游客仅占 1.5%左右，停留 4 天及 4 天以上的游客只占 4.5%左右。大量游客停留时间为 1.5 天，这种情况与武当山旅游者以周边近、中程为主是一致的，但也从侧面反映出了武当山旅游资源丰富度的问题。因此一方面，要加大对文化旅游资源的深度开发，利用节事旅游、体验式旅游等多样化的旅游产品吸引更多远程游客；另一方面，要增加游客在武当山可参与的项目，丰富游客的夜间生活。

表 5-4　游客驻留时间大数据分析

驻留时间	2017 年	2018 年	2019 年	2020 年	2021 年	2022 年	2023 年
1 天	86.4%	88.4%	86.7%	83.7%	83.3%	83.2%	85.1%
2 天	8.3%	7.9%	8.3%	11.4%	10.6%	9.8%	10.5%
3 天	3.2%	2.5%	1.9%	1.7%	1.6%	1.7%	1.8%
4 天及以上	2.1%	1.2%	3.1%	3.2%	4.5%	5.3%	2.6%

2. 消费水平

武当山旅游市场调查结果显示，除香客外，武当山的游客人均消费 500 元以下的占 26%，500~800 元的占 51.4%，800~1000 元的占 11.7%，1000 元以上的占 10.9%。这与武当山旅游者职业结构和收入结构基本相符。

3. 消费结构

游客的消费行为在一定程度上体现了旅游业的发展水平。武当山门票 130 元/人，景区环保车 100 元/人，索道单程 80 元/人，双程 150 元/人。调查显示，武当山游客的刚性支出为门票（含景区环保车），乘坐索道的游客在不同年龄段、不同家庭结构中的分布差异性较大。总体而言，近几年约有 60% 的游客选择索道。结合前文游客的消费水平可以看出，旅游者在武当山游玩的过程中，景区旅游以外的消费不高。游客基本旅游消费占比过高，其中往返交通约占 40%，餐饮占 17%，住宿占 21.7%，购物娱乐所占比例较小，这与旅游业发达地区和国际上旅游发展情况相悖，说明在武当山旅游产品开发中，购物和娱乐产品的质量、档次尚不能满足游客的弹性需求，因此要注重提高参与性，适当增加购物和娱乐在旅游产业结构中所占的比重。

综上所述，国内旅游依然是武当山旅游的基础，客源结构以省内为主（2023年省内约占60.2%），中远程市场占比偏少；游客出游目的主要以观光旅游、宗教朝圣和文化旅游为主，其次是武术、风情表演、会议、度假、运动、商务旅游较少；出游方式以散客自助游为主体，其次为中远程旅行社组团方式，两者比例为9∶1；旅游季节性波动十分明显，旺季和淡季游客数量差别巨大；游客来得慢（汉十高铁开通以后有所缓解），走得快，停留时间较短（游客驻留1天的占比超过80%），人均消费水平偏低；游客对武当文化和自然资源感知性多、认知性少，缺少渗透性、享受性。

第二节　武当山客源市场定位

客源市场是制定旅游业发展战略和旅游开发的重要因素。旅游景区的形象是旅游者选择旅游景区和进行旅游决策时的主要考虑因素。在当今旅游处于买方市场的情况下，游客会将有关旅游景区进行形象比较，最终选择能满足其旅游需要和心理预期的旅游景区，旅游景区形象在旅游消费决策行为中起到了关键作用。国内外的研究表明，在旅游决策过程中，旅游者一般会选择和考虑具有强烈鲜明形象的旅游景区。对景区服务质量的评价和游客的满意程度，取决于先前形成的对旅游景区的感知形象和期望与在景区的实际经历的对比。

对武当山旅游客源市场发展现状的认识是确定旅游产品开发和营销策略的基础。为了实现旅游市场的可持续性发展，武当山必须对旅游客源市场进行深入研究，并针对市场需求准确定位。旅游市场定位是旅游发展的关键环节，通常包括旅游形象定位、旅游市场空间定位和细分市场产品类型定位。

一、旅游形象定位

(一)形象定位的概念

为了成功地在目标市场开展营销活动,旅游景区必须在顾客心目中有明确新颖的定位,即创造和管理一个独特鲜明和具有号召力的景区形象。

旅游景区形象定位就是在目标市场游客心目当中占据一个突出位置的过程。旅游者对景区的形象感知,取决于对互相竞争的景区之间的对比,这个过程将使旅游者区别出景区的优劣、竞争优势等。旅游景区的形象定位战略包括:明确目标市场对景区的感知形象;将这些形象与竞争者的对比;明确决定景区形象的关键因素,这些因素既要契合游客的需求与欲望,又能使景区在竞争中脱颖而出。

(二)形象定位的方法

确定景区形象定位应当深入研究景区区域文脉,充分体现景区和区域个性。在旅游规划实践中,领先定位、比附定位、逆向定位、空隙定位、重新定位是形象定位常用的方法。[1]形象定位应符合以下要求:独特性、垄断性、文化性、创新性、吸引性、认同性、统一性、层次性和艺术性。运用适当的定位方法,明确形象定位要求,将有助于旅游景区形象的塑造和推广。

(三)武当山旅游形象定位

旅游目的地形象定位的主要目的是使旅游产品在旅游者心目中有一个印象深刻的"心理位置",触动旅游者的心灵,从而激发其旅游动机。武当山自然风光优美,景观绮丽,是观光游览的胜地。自唐太宗始建五龙祠至明代成为"皇室家庙",武当山就成为道教"第一山"。因此,武当山更是

---

[1] 舒伯阳. 旅游景区开发与管理[M]. 上海:华东师范大学出版社,2016.

一种文化象征，涵盖了道教史、道教理论、道教建筑、文学艺术、民俗民风、武术医药等多个方面。对武当山风景区旅游资源价值和潜在客源市场结构等进行调查和分析，根据旅游形象定位的一般规律，结合旅游市场由观光旅游向文化休闲旅游转型发展的趋势，考虑到武当山在海内外的影响，立足地域文脉，对武当山风景区旅游形象进行了提炼、升华，把武当山风景区旅游形象确定为"道教仙山"，这种定位主要基于以下考虑。

1. 武当山是中国著名的道教圣地

武当山是我国著名的道教活动圣地，同时也是道教所敬奉的"玄天真武大帝"的发源地，在历史上武当山的一切活动都是在道教的这一主根上蔓延而发展的，分正一道和全真道两大派。近年来，武当道教健康发展，其规模和影响在全国首屈一指，在国内外的影响极为深远。

2. 武当山宏伟壮丽的道教古建筑群举世罕见

武当山道教古建筑群总体布局是以体现道教的神权及统治者的皇权意图相结合而营造的。在布局上巧妙地结合自然环境，充分利用天然景色，以体现"庄严、威武、玄妙和神奇"的气氛，或屹立于高山之巅，或隐于悬崖绝壁之内，构思奇妙，巧夺天工，形成了"雷火炼殿""海马吐雾"等千姿百态的奇异幻景，达到了"仙山琼阁"的意境。武当山的建筑特色，表现在充分利用自然景色的特征，结合环境依山就势错落有致进行建筑布局，与道教所追求的神奇玄妙"仙境"最完美地融为一体，产生了别具风格、丰富多彩的建筑特色。其建筑风格既有皇家宫殿金碧辉煌、宏伟壮丽的气派，也有仙山琼阁、瑶池天宫的"仙境"，同时还有山庄野舍、居民小院的朴实风格。武当山建筑风格综合了皇家的庄严，道家的玄妙，以及乡野的朴素等风格。因此，需要继续倾力打造道教仙山的旅游形象。主要以武当古建筑群、武当武术、真武信仰为核心来设计深度挖掘道教文化的内涵，使武当山"皇家第一道场"的地位得以巩固、提升。

基于此，武当山风景区功能定位针对国际客源市场和国内客源市场要有所区别。

对国际市场定位为"中国道教圣地，太极武术之源"。①这种定位主要基于以下考虑：

1. 道教文化在国际社会具备较大影响力

道教是我国土生土长的宗教，与佛教、伊斯兰教、基督教等世界性的宗教有较大差异，对国外游客拥有较强的吸引力。作为我国道教最大的道场，武当山继承了道教众多优秀文化，其宏伟的道教古建筑群、珍贵的道教文物、灵验的道教医药、独特的道教音乐等都吸引着世界各个国家和地区的游客。

2. 武当武术具备世界级影响力

武当武术，在继承了古代武术攻防理论的基础上，运用《易》学原理，以阴阳消长、八卦演变、五行相克为其理论核心，形成了刚柔相济、以柔克刚、四两拨千斤、以不变应万变的内家拳，其深奥的哲理、精妙的拳法是中华民族的优秀文化遗产。武当武术在世界上的影响也日趋扩大，其玄妙、飘逸、轻灵、内外兼修的特点是当今世人修身养性、强身健体的最佳选择，符合当今世界的康养需求。

将国内市场定位为"领略世界遗产，问道太极武当"，将古建筑、道教音乐、宗教仪式、武当武术融入旅游产品②。同时，确定武当武术内家拳的养身主题功能，着重解决武当武术的产品化问题，形成武术康养、文化休闲旅游产品链。之所以这样定位，原因主要有以下两点：

1. 世界文化遗产品牌效应

武当山古建筑群于1994年被列入世界文化遗产，原因是其各方面都保

---

① 郑娜.武当山风景名胜区旅游客源市场研究[D].武汉：湖北大学，2010.
② 郑娜.武当山风景区旅游客源市场及其定位[J].湖北文理学院学报，2014（5）.

存了原状，真实性很高，类型多样、用材广泛，达到了很高的艺术和技术成就，并且武当山古建筑群达到了建筑与自然的高度和谐，是具有天才创造力的规划和建筑杰作，具有重大的历史意义。这些特点在我国的世界遗产尤其道教名山当中都是弥足珍贵的，值得每一个中国人去参观。

2. 民间道教朝圣文化浓厚

据史料记载，以朝拜玄武——真武神为主要特征的武当山进香民俗已传承了上千年。明成祖大修武当，终成皇室家庙，明清二代武当山香火鼎盛，至今香火不衰。近百年来，朝山活动曾因政治军事等原因一度沉寂。但自1978年以来，朝武当民俗又得以恢复，并有了新的发展。当前，武当山的回头客绝大多数都是来自国内各地的香客，对道教的信仰、对真武大帝的崇拜吸引着他们千里迢迢到武当山朝圣，因此凸显出"问道太极武当"的意义不仅彰显了武当山的道文化气息，同时也有利于巩固这些回头客，吸引更多对道教感兴趣，对"道"感兴趣的游客。

二、旅游市场空间定位[①]

旅游市场空间定位即确定市场的合理空间，也就是确定旅游区吸引力的有效区域。根据武当山特区文化和旅游局统计数据和相关市场调研，结合入境和全国各省市来武当山的游客规模和所占比重情况，可将武当山入境旅游客源市场和国内旅游客源市场分别分为一、二、三级客源市场。

（一）入境旅游客源市场定位

现阶段，武当山的入境旅游市场规模仍然较小。随着武当太极文化和武当武术的全球传播，世界传统武术节、武当太极大会、武当文化论坛等重要武术节事活动的持续举办以及武当山太极湖新区的开发，武当山入境

---

① 郑娜. 武当山风景区旅游客源市场及其定位[J]. 湖北文理学院学报，2014（5）.

旅游市场具备了极大的发掘空间。根据近十年的入境游客构成，可以将武当山入境旅游客源市场分为以下三级。

一级客源市场是港澳台地区。这个区域范围的游客占入境游客总数的60%，主要是由于港澳台地区的同胞及华侨与内地有着亲缘、血缘关系，对中华民族的历史文化和民族传统等相关内容非常感兴趣，追根寻源的旅游欲望十分强烈。武当山应当将该区域作为入境客源市场开发的重点，充分利用"道教文化"和"真武信仰"的认同感，展开宣传促销，并以高质量的服务稳固客源。

二级客源市场是日本、东南亚地区。这个区域范围的游客占入境游客总数的27%。中日两国文化、经济的互补性强，空间距离近；东南亚也具备距离近、交通便利等先天优势条件。鉴于此，武当山应当在该市场加大宣传力度，同时加强与携程、飞猪等OTA合作，扩大二级市场的客源。

三级客源市场是德国、法国、俄罗斯及其他欧美国家。这个区域范围的游客占入境游客总数的13%，游客比重较小，以散客旅游为主。但是，他们对中华文明有浓厚的兴趣，尤其是随着武当武术在世界范围内的传播，加深了这些外国游客对武当武术的了解，文化旅游的发展空间很大。随着经济全球化发展，商务旅游市场也可以作为这一客源市场的开拓方向。

（二）国内旅游客源市场定位

经过持续多年的旅游开发和市场宣传推广，武当山国内旅游市场逐步由近程周边省市市场为主向中远程市场扩展。根据近十年的国内游客构成，可以将武当山国内旅游客源市场分为以下三级。

一级客源市场：以武当山为中心，500千米范围内的区域，主要包括湖北、河南、陕西、重庆四个省（市），这个区域范围的游客占游客总数的80%以上。一级客源市场是武当山重点宣传推广的区域，除继续保持传统推介方式，如旅游交易会、广告促销等外，要格外重视运用抖音、微信公众号等新媒体,持续强化与携程、飞猪、去哪儿、美团等 OTA 的深度合作。

二级客源市场:以北京为核心,还包括广州、深圳等珠三角地区和上海、浙江、江苏等长三角地区,这个区域范围的游客占游客总数的 13% 左右。由于此区域属于经济发展水平高的地区,游客的收入高、出游动机强、出游范围大,如果开发效果好,可以转为一级客源市场。随着南水北调中线工程"一泓清水永续北上",北京、河北等南水北调受益地对武当山感知机会迅速增加,因此武当山应该尽快在这些区域展开全方位密集式的旅游市场开发。

三级客源市场:东北及四川、重庆、西藏、广西、云南等西部和西南地区。这个区域范围的游客占游客总数的 4.2% 左右,游客比重小、数量少,因此该区域可以列入远期开发计划,当前可以有选择地适度开发。

三、细分市场产品类型定位

武当山拥有十分丰富的自然旅游资源和人文旅游资源,结合自身的优势以及市场的需要,武当山的旅游细分市场定位主要包括观光旅游市场、文化旅游市场、度假旅游市场、商务旅游市场和特种旅游市场。

(一)观光旅游市场

观光产品是武当山的主题产品,包括人文观光旅游产品,如皇家宫观庙宇等古建筑;武当山自然风景绮丽,有丰富的自然观光旅游产品,如云海、瀑布、峰峦、岩、潭等。

(二)文化旅游市场

1. 宗教旅游

武当山宗教旅游产品主要是指道教古建筑,包括武当山金顶、紫霄宫、南岩、太子坡、琼台观、磨针井等，目前该旅游产品开发的重点在于提高游客的参与性，从而加深游客的感知形象。例如，可以在景区内开展有关宗教文化的知识竞赛或趣味活动，配以武当山具有代表性的旅游纪念品。这一类产品主要针对道教的节事活动进行，如三月三庙会、九月九祈福法会等。在节日的当天，游客可以了解道教法事庆典。

2. 民俗旅游

武当山西南有"中国汉民族民歌第一村"吕家河，西北有我国第二个民间故事村伍家沟。在这两个具有地方特色的村落，游客不仅可以欣赏曲调繁多的武当民歌，还可以听地道原始的民间故事，感受当地浓厚的民俗风情。

3. 康养旅游

健康已成为人们关注的热点，康养旅游是 21 世纪的新潮流。武当山北麓是烟波浩渺的南水北调中线水源区丹江口水库，武当山山水一体，具有发展养生旅游得天独厚的优势。一方面，可以以武当山为依托，以道教的养生功法为基础，开发养生度假旅游区；另一方面，可以借助十堰的医疗条件和医疗技术，在太极湖新区开发医疗服务与养生康复相结合的旅游产品。

4. 武术文化旅游

武当武术是具有代表性的民俗文化旅游资源，是武功和养生方法的天然结合体，太极拳、八卦掌等都深受外国游客青睐，尤其是近几年世界传统武术节、武当太极大会等高质量节事活动的持续举办，扩大了武当武术在国内外的影响。目前武术文化旅游的发展还处于初级阶段，要促进武术文化旅游的发展，一方面要加强国内建设，如武术学校、武术会馆、武术活动中心的建设，扩大武当武术在全国各地的影响；另一方面要加强与国际的交流与合作，向国外体育界开放武当武术文化市场，进一步提升武当武术在国外的知名度，吸引更多国外游客。

5. 修学旅游

修学旅游是彰显武当山深厚文化积淀的重要方式，其目标市场是国内外对武当文化感兴趣、有研究的知识分子及专家。因此，可以定期组织武当文化学术会议，开展"专家游武当""武当文化论坛"等系列活动。

6. 道教文学旅游

历史上，徐霞客、王世贞、袁宗道等文人曾多次游历武当山，写下了大量的游记、诗词。文学旅游是以寻访与文学相关具有特殊意义的地点和场所为动机的旅游形式。道教文学旅游是围绕有关武当山的丹诗、青词、道士诗文作品以及历代诗词、歌、赋、游记、小说而开发的文化旅游产品，包括文学鉴赏、文学创作等内容，结合修学旅游挖掘道教文化的内涵。

（三）度假旅游市场

武当山自然环境优美，人文气息浓厚，是发展度假旅游的绝佳地区。度假旅游主要是在娱乐休闲方面进行体验产品的设计，目的是让游客远离城市喧嚣，感受亲近自然的心旷神怡，感受超凡脱俗的轻松愉悦。因此，要加快建设元和观村、龙王沟村特色度假民宿区，民宿建设要突出道教文化的底蕴。

（四）商务旅游市场

商务会议旅游被誉为"红地毯旅游"，是当今旅游消费水平最高的类型之一，它要求高，服务质量好，强调个性化服务，是专门为大型节事活动和会议旅游设计的产品。武当山要持续办好武当国际旅游节、太极拳国际联谊会、武当太极大会等活动，借助这些活动可以推出富有武当特色的大型文艺表演，开发"注意力经济"。可以面向中高层旅游者开发"太极之旅"游览活动、武当音乐节，让游客感受武当文化的丰富多彩。此外，还可以开发不夜城等项目。

（五）特种旅游市场

特种旅游通常也被称为"专题旅游""专项旅游"和"特色旅游"等，是一种新兴的旅游形式，具有广阔的发展前景。武当山可以开展具有武当特色的滑竿登山等项目，可利用飞升崖水库的地理条件举行滑翔伞飞升大赛，还可以结合全国定向越野大赛，利用武当山的各个景点开展定向越野专题活动等。这些活动可以让游客感受游乐中的惊险刺激，对武当山形象的传播起到不可替代的作用。

总而言之，武当山旅游客源市场的吸引力主要体现在优美的自然风光和浓郁的道教文化上。根据以上从空间角度、人口学角度和旅游功能角度对客源市场的分析，笔者将武当山风景区客源市场总体定位为：武当山风景区旅游的发展以国内游为主，以湖北、河南、陕西三个省为主要基础市场，长江三角洲、珠江三角洲和周边省区的大中城市为拓展市场，积极开拓东北和西南地区等机会市场，重点开发观光旅游、文化旅游、度假旅游和商务旅游市场，兼顾修学旅游和特种旅游等市场。在此客源市场定位的基础上，开发适销对路的旅游产品，进行针对性的旅游宣传与促销，以实现武当山旅游业快速发展的目标。

第三节　影响因素及发展对策

一、影响武当山旅游市场的主要因素

1. 旅游文化含量的高低

旅游文化含量的高低直接影响服务水平的高低以及客源市场的巩固。武当山古建筑群被列入世界文化遗产名录，但武当山对文化资源整体开发利用还不够，观光旅游产品以静态展示为主，缺乏文化含量。近几年，得益于武当国际旅游节、武当太极大会、世界传统武术节等活动的持续举办，武当武术吸引了国内外游客的目光，道教音乐、道家养生等旅游产品也得以陆续开发。然而，由于对文化内涵挖掘得不够深入，旅游项目比较单一，未能很好地体现武当山独特的地域文化风采，造成特色不"特"，优势不"优"，资源优势没有得到最大程度的彰显。

2. 旅游市场宣传的力度

宣传推广是开发旅游市场的重要措施。近些年，武当山通过中央电视台制作完成了《问道武当》《太极武当》《峭壁上的悬宫》《武当雅集》等高质量专题片，在中央电视台及部分省市电视台重点播放，起到一定的宣传效果。但是针对国际、国内市场的宣传力度还有待加强，需要创新旅游宣传方式，尤其要高度重视抖音等短视频传播，加强微博、微信等社交媒体的运用，加强和OTA的合作。

3. 旅游交通条件的完善

武当山已基本建成了航空、高铁、高速公路、水路相结合的立体化的交通网络。但是目前的交通现状仍然不能满足日益扩大的旅游市场。现阶段，武当山游客中团队占比约为1.3%，散客出行的交通选择主要是自驾和高铁，这对武当山的区域交通循环和网约车、停车场、高铁站换乘中心等基础设施提出了更高的要求。在未来的旅游业发展过程中，武当山旅游交通条件的完善程度对客源市场的扩大及巩固将起着至关重要的作用。

4. 旅游产业链条的构成

"吃、住、行、游、购、娱"是旅游景区发展的生命线，这六个要素在旅游产业链条当中缺一不可，武当山六大产业要素协同发展尚不尽如人意。武当山在门票（索道）、景区内部交通换乘、住宿、餐饮等基本环节支出过高，尤其是在购物和娱乐方面，还存在比较大的短板。目前武当山缺乏极具地方特色的旅游工艺品，在娱乐方面，虽然武当山景区内开发有武术表演、攀岩、爬山等活动，但受到许多条件的制约并没有充分发挥作用。这种旅游产业结构必然会影响到游客的满意度和忠诚度。

5. 旅游服务质量的好坏

旅游服务质量的好坏直接影响着游客在景区的游览质量。武当山的总体服务质量比较高，游客的综合印象评价比较好，但餐饮、住宿、导游讲解等方面的服务还存在一定的不足。只有提高旅游服务质量，提高旅游满意度，才能在游客心目中树立经久不衰的良好旅游形象，不断扩大旅游客源市场。

二、促进武当山旅游市场发展的对策

1. 挖掘文化内涵，全力打造武当文化品牌

努力开发武当武术、道教养生、道教音乐、古建筑鉴赏等文化体验式服务项目，丰富武当山旅游产品的文化内涵，让游客能够在旅游中欣赏文化，在体验中丰富阅历。在湖北省"湖北旅游、武当突破"战略下，加快建设太极湖新区和五龙宫景区，改造玉虚宫街区和善水街，加快"武当一梦"文旅综合体等项目的建设和运营，彰显武当文化。

2. 加强宣传促销，提高美誉度和向往度

（1）国际旅游市场。

第一，加强与国内外重要OTA合作，重视短视频等新媒体，加强旅游宣传推广；第二，充分利用武术团体、文化团体、武术学校、道教协会等专业民间机构和团体的力量，组织相关国际联谊会、武术比赛等进一步深化沟通，并通过民间对口交流的方式强化推广；第三，武当山常年有不少外国人在此习武练道，可借助这一群体推广武当山国际旅游；第四，加强与国际旅行商的合作，推进国际旅行商、国内地接社和旅游目的地的新型关系，借助国际旅行商扩大宣传。

（2）国内旅游市场。

在国内市场的宣传促销重点还是巩固周边市场，主要指十堰、襄阳、荆州、南阳等近距离市场和武汉、西安、郑州、重庆等中距离市场。加强在这些市场的宣传力度，提高周边市场的重游率和口碑推荐率。同时，结合区域市场的表现、地域市场的演进推出一个开发时序，挖掘新市场。进一步加强在主要客源地的媒体宣传和户外旅游形象宣传，积极拓展网络媒体宣传新领域。积极组织参加旅游局举办的大型促销活动，认真做好武当文化旅游产品策划包装和推介促销，并加强与"襄十随神"城市群旅游协作区城市多领域的旅游交流与合作。利用好南水北调"京堰合作"机制，积极开拓北京、天津等远程旅游市场，加大武当山在南水北调受水区的宣传推介力度。

3. 改善交通条件，切实提高武当山的可进入性

要进一步完善武当山的外部交通条件，突破旅游交通瓶颈制约。首先，十堰党委政府要积极推动武当山机场国际化，争取开通更多直达欧美主要城市的国际航班。其次，加快建设十堰市高速铁路枢纽，力争更多车次停靠，同时做好高铁站至景区相应的配套和便利化服务。要完成武当山特区环湖公路的提档升级，切实打通武当山的内部交通，满足日益扩大的自驾旅游市场。

4. 丰富产品形态，创造新型业态

武当山具有丰富的资源和元素，但目前的产品形态较为单一，作为一个具备深度体验潜力的目的地却只能成为一日游、二日游的"快餐化"旅游场所，需要在产品的深加工和组合度上精耕细作。在空间组合上，要按照文化体验的思路，重新组合各个景点、山上与山下、景区与城区、新区和湖区。在时间组合上，要打破传统一日游、二日游的套路，增加"武当一梦""太极之夜"等文旅综合体体验环节。

5. 完善基础设施建设，提高旅游服务质量

武当山要进一步加强基础设施建设：一是改善山上的住宿条件，加大特色主题民宿的建设；二是加大旅游设施的维修与保护，重点加强智慧旅游设施建设；三是在旅游旺季时，适当控制游客容量，增强旅游体验；四是要扩大对专业人才的培养，建立一支高水平的导游服务团队，为游客提供便捷、高质量的导游讲解服务。

第六章

武当山旅游品牌建设

第一节 武当山旅游品牌构建

一、旅游品牌的内涵

何谓品牌？美国市场营销学会（AMA）将品牌定义为一种名称、术语、标记、符号或设计，或是它们的组合运用，其目的是借以辨认某个销售者的产品或服务，并使之同竞争对手的产品和服务区别开来[①]。由于旅游业的综合性特点，旅游品牌包括某一单项旅游产品的品牌、旅游企业品牌、旅游集团品牌或连锁品牌、公共性产品品牌等，这种定义对于旅游品牌来说显然不适用。旅游品牌不仅仅是一个符号，而是一个更为复杂的系统。菲利普·科特勒认为，品牌的含义包含了六个层次：属性、利益、价值、文化、个性以及用户[②]。本书借用这六个层次加以重新阐释，以更清晰地说明旅游品牌的内涵。

1. 品牌属性

品牌属性是指旅游品牌为旅游者提供的基本效用也就是使用价值，例如高质量的旅游产品、优质的服务、丰富的体验经历、个性化的关怀等。虽然品牌的层次高于产品，但是品牌是以产品为基础，通过产品来体现价值。所以一个成功的旅游品牌首先要关注旅游产品的品质。

[①] 黄合水. 品牌建设精要[M]. 厦门：厦门大学出版社，2004.
[②] 王永龙. 21世纪品牌运营方略[M]. 北京：人民邮电出版社，2003.

2. 品牌文化

品牌文化是旅游品牌存在的灵魂,品牌往往通过文化来增加其附加值。从某种意义上说,文化支撑着品牌的丰富内涵,品牌展示了所代表文化的独特魅力。旅游者更倾向于消费那些与自己的文化价值取向一致的旅游品牌。

3. 品牌个性

旅游品牌通过体现其个性而加深与旅游者之间的情感联系,所以个性化的旅游品牌具有明显的市场优势。旅游者对旅游品牌的个性化需求,其实也就是"受尊重和自我价值的实现"的需要。

4. 品牌利益

旅游者购买某一旅游品牌后将得到其功能利益和情感利益。功能利益包括休闲放松、体验经历、亲近自然、文化寻源、新鲜刺激等;情感利益是指社会交往、怀旧感、满足感和优越感等。旅游品牌的属性只有转化为功能性或情感性利益,才能得到旅游者的认同。

5. 品牌价值

品牌的价值是旅游者愿意付出代价而获得产品的根本原因。每个旅游者都有自己的价值取向,旅游品牌既要体现旅游企业的价值观,也要符合旅游者的价值取向。也就是说,旅游品牌要紧紧围绕产品本身能够提供的利益来实现其价值,并且能够随着旅游者需求心理的变化而变化。

6. 旅游者

旅游品牌的价值体现在品牌与旅游者的关系中,旅游品牌是旅游目的地和旅游者之间关系的纽带。旅游品牌的成功从根本上讲是由旅游者来评判的。争取到旅游者的认同是品牌成功的关键步骤,所以旅游品牌必须时刻以旅游者为中心。

二、品牌理念深化

从旅游品牌的六个含义来看,旅游目的地要深层次挖掘品牌的独特属性、文化和个性,然后把属性、文化和个性所能带来的利益和价值传播给潜在旅游者,如果这些利益和价值与旅游者的价值观和消费行为产生共鸣,并激发了旅游者的旅游动机,那么旅游品牌就得到了旅游者的认同和接受。因此,必须树立以旅游者体验为中心的旅游品牌理念。

旅游品牌要让旅游者在消费过程中获得一种值得回味的感受,这种感受会加深和丰富品牌与旅游者之间的关系。旅游者的个人体验是决定旅游品牌战略成功与否的关键。通常来说,对异地差异化的体验促使人们产生旅游动机,并付诸实施;反复的愉悦体验会促使旅游者异地重游,并通过媒介将旅游目的地的美好形象传播出去。

旅游者的品牌体验包含三个层次:认知层、情感层和关系层(如表6-1)。旅游品牌理念深化需要从这三个层面展开,挖掘品牌的属性、文化和个性为旅游者带来利益和价值,并使之与旅游者产生共鸣,从而使旅游者认同、忠诚于旅游品牌。

表6-1 旅游品牌含义和品牌体验对应关系

旅游品牌的含义	品牌体验的三个层次	对应关系
属 性	认知层	品牌创造知觉体验,引发旅游者对品牌的识别和购买,让旅游者留下深刻的品牌体验感受
文 化		
个 性		
利 益	情感层	品牌的利益和价值满足旅游者的情感诉求,使旅游者认同品牌
价 值		
旅游者	关系层	品牌与旅游者建立信任、亲密的关系,提高品牌忠诚度

综上,武当山的核心价值可以提炼为"道法自然、和谐共生",强调武当山作为道教圣地,其内在精神追求与自然环境的和谐统一。将"祈福圣地,太极武当"作为品牌口号,传达武当山作为祈福、养生、修行的理想

之地。深入挖掘武当道教文化，如张三丰传说、道教经典、道教仪式等，提炼出具有代表性的文化元素。[①]提炼武当武术精髓，如太极拳、武当剑等，展现其作为武术发源地的独特魅力。挖掘武当古建筑艺术，如金顶、紫霄宫等，展示其作为世界文化遗产的历史底蕴。同时也要注意建立情感链接，通过讲述武当山的历史故事，如张三丰修道成仙、武当武术的传承与发展等，激发游客对武当山的兴趣与向往。举办道教文化讲座、武术表演等活动，让游客亲身体验武当文化的魅力，建立情感链接。

三、品牌形象塑造

武当仙山，久负盛名。2023年以来，湖北十堰武当山旅游经济特区主动扛牢"湖北旅游、武当突破"使命责任，紧紧围绕"祈福胜地、太极武当"形象定位，做强叫响"武当太极、武当功夫、武当养生、武当建筑"四大品牌，做好文旅融合"大产业"，写好文旅发展"大文章"，经济社会呈现出高质量发展态势。在武当山旅游产业的高质量发展进程中，旅游品牌建设发挥着举足轻重的作用。

品牌建设不仅能够显著提升武当山在旅游市场中的知名度与美誉度，还能有力增强其市场竞争力。武当山坐拥独特的道教文化以及壮丽的自然景观，应当将自身精准定位为集文化体验与自然观赏于一体的综合性旅游胜地。比如"亘古无双胜境，天下第一仙山"这一简洁却极具吸引力的宣传口号，就能有效地引发游客的兴趣，这充分说明了精心设计的宣传口号对于品牌形象塑造的重要性。此外，还需通过精心打造的标识和视觉形象，全方位传递武当山的独特魅力。视觉识别系统设计方面，可设计一套具有武当特色的视觉识别（VI，Visual Identity）系统，包括LOGO、色彩体系、字体风格等，确保品牌形象的一致性和辨识度。LOGO设计以太极图、武当古建筑元素、道教符号等为核心元素，体现武当山的文化特色。文化符

---

① 李发平.武当山旅游精华[M].武汉：中国地图出版社，2005.

号要将太极图、武当古建筑元素、道教符号等融入品牌形象设计，如景区指示牌、宣传册、纪念品等。在景区内外设置文化展示区，如道教文化墙、武术展示区等，强化文化属性。体验场景打造方面，要在景区内设置太极表演、道教文化讲座、古建筑游览等互动体验区，让游客沉浸于武当文化氛围中。打造特色文化主题酒店、餐厅等，提供具有武当特色的住宿、餐饮体验。①

四、品牌故事传播

在品牌传播方面，渠道的多元化至关重要。要积极借助新兴的社交媒体平台，如视频号、抖音、快手、小红书等开展全方位的宣传推广工作。比如举办特色鲜明的文化活动、热闹非凡的旅游节庆等，以此吸引更多游客的关注。同时，游客口碑的塑造不容忽视。为游客提供优质上乘的旅游服务，让他们在游玩过程中留下深刻且美好的印象，进而通过游客之间的口口相传，不断提升品牌的影响力。此外，加强与其他声名远扬的旅游品牌的合作与联动，例如借助与故宫的历史渊源，能够进一步扩大武当山旅游品牌的知名度和辐射范围。

创作以武当山为背景的小说、电影、纪录片等，扩大品牌故事的传播范围。一是多渠道传播，利用官方网站、社交媒体、旅游 APP、线下展览等多种渠道，结合图文、视频、音频等多种形式，广泛传播品牌故事。与知名旅游博主、KOL 合作，邀请他们到武当山体验并分享旅游故事，提高品牌曝光度。二是口碑营销，鼓励游客分享武当山旅游体验，通过好评、游记、短视频等方式，形成良好口碑。三是设立游客反馈机制，收集游客

---

① 劳嘉欢. 文旅融合视域下武术文化品牌建设研究——以少林、武当、峨眉为例[C]//中国敦煌吐鲁番学会体育卫生研究会，中国岩画学会体育岩画研究专业委员会，全国学校体育联盟（中华武术）. 首届中华传统体育文化传承发展论坛论文摘要集——专题报告（二）. 上海：上海体育大学武术学院，2023.

意见和建议，不断优化旅游产品和服务。总之，需要从精准定位、形象塑造、多元传播、口碑营造到合作联动等多个维度共同发力，切实有效地推动武当山旅游品牌的建设，助力其旅游产业实现高质量发展。

第二节　武当山旅游品牌建设策略

一、产品创新与升级

十堰主动扛起"湖北旅游、武当突破"的使命责任，持续叫响"祈福胜地、太极武当"IP，做大做强武当太极、武当功夫、武当养生、武当建筑品牌，匠心打造世界文化旅游目的地。深入挖掘道教文化内涵，开发系统的道教文化体验游产品，深度开展道教文化体验游。在道观内设置专业讲解点，由精通道教文化的学者或道长担任讲解员，详细解读道教的历史渊源、教义、仪式等内容。游客可以参与道教法事观摩、道教养生讲座等活动，亲身感受道教文化的博大精深。同时，开发道教文化主题的纪念品，如具有道教符号的服饰、饰品、古籍抄本等，让游客能够将文化记忆带回家。打造专业的武术研学游项目，与武术院校或专业机构合作。建立武术研学基地，配备专业的武术教练，为游客提供不同层次的武术课程，包括武当武术基本功、太极拳套路等。组织武术表演和比赛，让游客在实践中提升武术技能和兴趣。此外，开发武术文化博物馆，通过实物、图片、影像等资料展示武当武术的发展历程和独特魅力，为研学游提供丰富的学习素材。依托武当山的自然环境和道教养生文化，开展养生度假游。建设养生度假村，提供包括中医理疗、食疗养生、温泉疗养等多种养生服务。度假村内配备专业的营养师和中医师，根据游客的体质和需求制定个性化的养生方案。举办养生文化节，邀请养生专家举办讲座和研讨会，分享最新的养生理念和方法。

在活动方面，可以定期举办道教文化节，活动内容涵盖道教音乐演奏、道教舞蹈表演、道教文化展览等。邀请各地的道教团体和学者参与，开展国际道教文化交流论坛，提升武当山道教文化的国际影响力。联合国际武术组织，举办高规格的武术大赛。大赛设置多个项目和组别，吸引全球武术爱好者参与。同时，在比赛期间举办武术文化交流活动，如武术大师工作坊、武术文化体验营等，促进武术文化的传播。

在智慧旅游产品的开发方面，可以利用先进的 AR、VR 技术，打造沉浸式的虚拟旅游体验。开发虚拟道观游览、武当山历史重现等项目，让游客在虚拟环境中领略武当山的魅力。创建在线互动课程，涵盖道教文化、武术、养生等多个领域，通过专家在线授课、互动答疑等形式，满足游客的学习需求。大力推广智慧景区建设，完善在线预约系统，实现门票、住宿、餐饮等一站式预约服务。开发智能导览 APP，提供精准的定位导航、景点介绍、语音讲解等功能。全面普及电子支付系统，确保景区内各个消费环节的便捷支付。同时，利用大数据分析游客的行为和需求，为景区管理和服务优化提供依据。

二、市场营销与品牌推广

针对不同目标群体，加强精准营销，制定差异化的营销策略。如针对年轻群体，利用社交媒体、短视频平台等渠道进行营销；针对中老年群体，利用传统媒体、旅游展会等渠道进行推广。举办主题旅游活动，如"武当山祈福节""太极拳大赛"等，吸引特定客群参与。积极进行国际推广，参加国际旅游交易会、举办国际文化交流活动，提升武当山在国际上的知名度和影响力。加强与海外旅游机构的合作，共同推广武当山旅游品牌。持续举办武当文化节、太极拳大赛、道教音乐节等活动，吸引游客参与体验。品牌推广方面，可以从以下几个方面进一步加强。

一是通过宣传推广提高品牌知名度。对于游客来说，会选择高知名度的旅游产品品牌，特别是游客心中没有非常强烈的第一需求时，品牌的知名度会成为影响游客选择的关键因素。因此做品牌宣传推广时，要准确把握旅游者的消费需求，提供游客认可的相关信息，充分展现自身的品牌功能优势。同时要多渠道、多方式地进行媒体宣传。媒体宣传方面，要继续推进与央视的合作，利用其传播影响力，重点面向国际市场。此外，要重点加强智慧旅游建设，尤其是新媒体平台建设，包括微信、微博、抖音等。加强与携程、去哪儿等 OTA 平台的推广力度，在国内外客流量大的、具有影响力的位置进行滚动广告宣传，利用大数据进行有针对性的推送。

二是通过经营优质产品提高品牌美誉度。游客选择武当山是因为对其品牌的高度信任，这也是品牌价值的关键。对于游客而言，旅游产品特色、旅游服务质量是其关心的问题，所以武当山要塑造良好的声誉，在了解游客消费需求的基础上，加强景区、酒店、餐饮等行业的技能培训，提升行业整体形象及员工素质。同时开发满足不同目标市场人群的遗产地旅游产品，为游客提供个性化的旅游服务。

三是通过民风民俗特色彰显品牌吸引力。民风民俗是旅游品牌形象的重要构成要素，武当山民风民俗因地域、文化、历史背景的不同而具有独特性和不可复制性。将武当山民风民俗融入品牌建设当中，增加品牌的标识程度，更是彰显了品牌的吸引程度。

四是游客感知品牌内涵产生共鸣。武当山庙会、武当山非遗展演、三月三和九月九大法会等武当文化节庆活动是武当山文化遗产地的品牌活动，吸引了众多游客。研究表明，以文化休闲为目的的旅游者对旅游目的地忠诚度较高，而且重游率也高，这些游客通过参加文化节庆活动，丰富对文化知识的需求，提升自我修养。

五是口碑效应拉动。在提高旅游服务质量、提升整体服务水平的基础上，要尽量满足游客个性化需求，运用游客良好的口碑推荐效应形成武当山美誉度，提升武当山品牌价值，进而实现游客忠诚，实现口碑效应拉动、品牌建设和游客忠诚的良性循环。[①]

三、服务优化与体验

（一）基础设施提升与优化

武当山景区要进一步加大对交通、住宿、餐饮和卫生设施的建设与优化。交通方面，完善内外部道路网络，增加与周边城市的交通衔接，景区内合理规划停车场，增加停车位并采用智能停车管理系统，同时优化观光车路线和运营时间，使用环保型车辆。住宿设施要根据游客需求完善种类和档次，高端酒店提升品质，特色民宿融入地方文化，加强安全管理和质量维护。餐饮方面丰富菜品，建设规范的餐饮街区，加强食材监管，推广绿色餐饮。卫生设施要合理布局公共卫生间，增加数量，设计做到人性化，加强清洁维护，合理设置垃圾桶并做好分类处理。

（二）引入现代化管理手段

建立智能化基础设施管理系统，进一步加强物联网技术建设，推进"特区一张网"建设，实时监控交通、住宿、餐饮、卫生设施的运行状态，借助大数据分析和人工智能算法实现智能调度和运维，如根据交通流量调整观光车频率、依据酒店入住率安排服务人员等，提高基础设施的运维效率和服务质量。

（三）加强智慧服务建设

推进智慧景区建设，完善在线预约系统，涵盖门票、车票、住宿、餐饮预订，与旅游平台和支付机构合作，开发智能导览系统，运用AR和VR

[①] 李艳. 基于体验视角的旅游产品深度开发研究[D]. 武汉：武汉科技大学，2010.

技术生动展示景点，提供个性化游览建议和路线规划。普及电子支付系统，支持多种支付方式并保障支付安全。同时，利用大数据分析游客行为数据，挖掘需求偏好，为游客提供个性化旅游推荐。

（四）加强员工技能培训

针对景区管理人员、导游、服务员开展专业技能培训。管理人员学习现代旅游管理知识，导游深入了解武当山文化，服务员提升服务技能。采用多种培训方式，并组织外部培训和交流。同时，定期举办导游技能大赛和服务之星评选活动，激发员工积极性，树立行业标杆，通过奖励和表彰激励员工提升服务水平。

第七章
武当山旅游开发实践模式

第一节　旅游管理体制变革

一、武当山旅游发展重大进程

回顾改革开放以来的旅游发展进程，武当山一直都没有停止过因地制宜、因时制宜的实践探索，也一直都没有停止过总揽全局的理论探讨和战略设计。总的来说，改革开放以来，武当山成功地实现了四次大的飞跃：[①]

一是 1980 年设立"武当山风景筹备处"，这是武当山旅游业发轫的标志。

二是成功申报世界文化遗产。1994 年，武当山被列入世界文化遗产名录，这是武当山旅游业腾飞的起点，从此武当山旅游发展驶入快车道。

三是理顺了行政建制和管理体制。改革开放以来，武当山经历了近 10 次行政建制调整和管理体制变更，2003 年湖北省委、省政府创造性地构建了"旅游经济特区"。武当山将旅游发展的落脚点从风景区经济提升到区域经济层面，实现了从山区小镇到旅游经济特区的历史性跨越。

四是推进全域旅游目的地建设。2016 年以来，武当山旅游经济特区大力推进旅游业转型升级，加强全域旅游目的地建设。以人文环境和旅游氛围为特色赋予武当山镇城市功能旅游化，突破传统景区的单一管辖范围，以旅游业统筹社会经济发展，旅游业的经济引擎功能、文化扩散作用、环

[①] 廖兆光. 武当文化概观[M]. 成都：西南交通大学出版社，2020.

境改善质量和社会协调效应日益显著，初步实现了景区与城市之间的有效融合。

二、武当山旅游管理体制变迁

从 20 世纪 80 年代初开始，武当山就致力于管理体制的探索，历经七次大的变革，每次变革不管在形式上还是内容上都具有高度的前瞻性和引领性，值得我们细细品味和总结。①

（一）几度分合：局镇合一管理体制的曲折走向

武当山风景区开发建设始于 1980 年。1980 年 7 月，成立"武当山风景区筹备处"，省委、省政府还专门成立了"武当山风景区建设领导小组"。1982 年 4 月，成立"武当山风景管理处"。1984 年 12 月，"武当山风景管理处"和"武当山镇"合并为"武当山管理局（镇）"，实行局镇合一管理体制。1986 年 12 月，武当山管理局更名为"武当山风景管理局"，为县级机构，隶属原郧阳地委、行署领导。1987 年 4 月，局、镇分设，武当山风景区管理局仍为正县级机构，由丹江口市代管。1993 年 12 月，武当山风景区管理局与武当山镇又一次合并，成立"武当山风景区管理局（镇）"，实行一套班子，两块牌子体制，由丹江口市代管。上述体制改革历程见表 7-1。

表 7-1 武当山管理体制变动一览表

阶段	时间	管理机构名称变动	职责权限	行政隶属
1	1980 年 7 月	武当山风景区筹备处	武当山旅游开发准备工作	未确定
2	1982 年 4 月	武当山风景管理处	武当山旅游开发	未确定

---

① 秦岩，代志鹏. 由景区到旅游经济特区：武当山管理体制的嬗变[J]. 北方经济，2011（2）.

续表

阶段	时间	管理机构名称变动	职责权限	行政隶属
3	1984年12月	武当山风景管理处和武当山镇合并为武当山管理局（镇）	旅游、行政管理	实行局（镇）合一管理体制
4	1986年12月	武当山管理局更名为武当山风景管理局	主管旅游事务	为县级机构，隶属原郧阳地委、行署领导
5	1987年4月	武当山风景管理局、武当山镇分开设立，实行局镇分设	主要负责旅游事务	武当山风景区管理局仍为正县级机构，由丹江口市代管
6	1993年12月	武当山风景区管理局与武当山镇又一次合并，成立武当山风景区管理局（镇）	行政和旅游双重管理职责	实行一套班子，两块牌子体制，由丹江口市代管

（二）有名无实：旅游经济特区新体制引发的成长阵痛

武当山保护与旅游经营均需要恰当的行政建制来支持。1997年8月，武当山风景区管理局（镇）与省级武当山旅游经济开发区合并成为武当山旅游经济特区，实行三块牌子，一套班子，即湖北省武当山旅游经济特区、湖北省武当山风景管理局、湖北省武当山旅游局，仍为正县级机构，由丹江口市代管。这样，就出现了一个世界级风景名胜区却按乡、镇级政府职能模式和工作方式管理的局面。"管景区的管不了景点，管建设的管不了规划，管山的管不了林，管庙的管不了人"，这曾是武当山管理面对的尴尬和困境。

这次体制改革，表面上扩大了武当山的管理权限，但由于没有理顺与丹江口市之间错综复杂的关系，使得景区发展仍然困难重重，旅游经济特区不但有名无实，各种部门制约以及由此产生的行政摩擦时有发生，"特区不特、封闭不封、上下左右走不通"，造成丹江口市与武当山旅游经济特区之间的芥蒂和隔阂。某种程度上，从20世纪80年代初到2003年的20多年中，因体制、交通、管理等因素的制约，武当山旅游经济发展举步维艰，其旅游发展状况与武当山所具有的品牌价值相差甚远，景区最好年份旅游人数仅 20 余万人，财政收入仅 2000 余万元，"守着金山讨饭吃"是当时武当山旅游业发展情况的真实写照。

（三）凤凰涅槃：特区体制在烈火中新生

2003 年 1 月，武当山遇真宫荷叶殿在一场大火中化成了一片废墟，引起了国内外的广泛关注，武当山的发展问题开始摆上省委、省政府的重要议事日程，体制改革率先突破。当年 6 月 17 日，省委、省政府在武当山召开建设发展现场办公会，决定在武当山设立真正意义的旅游经济特区，实施"主权不变、治权独立、事权下放"管理体制。

会议决定赋予武当山独立行使县一级政府职能，实行封闭管理，全面负责武当山风景区的保护、管理、开发、利用、规划和建设。同时，十堰市委对武当山的领导班子予以改组和调换，将原来管理武当山的两个县级单位、一个科级单位进行整合，撤销武当山旅游经济特区党委，设立武当山旅游经济特区工委，为十堰市委的派出机构；设立武当山旅游经济特区管委会，为十堰市政府的派出机构（正县级），与武当山风景管理局实行一个机构，两块牌子。这一决策，使武当山实现了从山区小镇到旅游经济特区的历史性跨越（见图 7-1）。

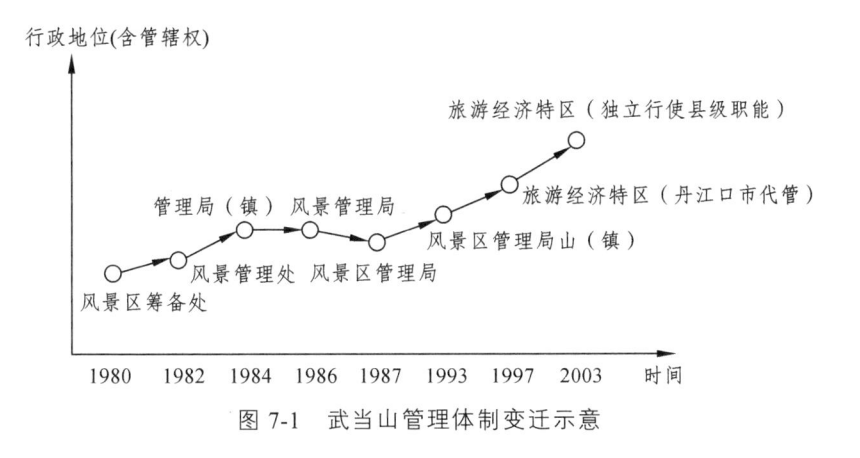

图 7-1　武当山管理体制变迁示意

以此次会议为标志，武当山开始进入快速发展时期。2008年，旅游接待122万人次，实现门票收入5200万元，旅游总收入5.6亿元，财政收入1.5亿元，较2002年分别增长213%、333%、1120%、522%。2009年，旅游接待160万人次，实现门票收入7000万元，旅游总收入6.6亿元，财政收入1.8亿元，同比分别增长30%、34%、18%、19%。体制变革前后武当山旅游人次数和门票收入变化情况见图7-2。2006年5月，武当山古建群全部被列为全国重点文物保护单位。武当武术、武当山宫观道乐、武当山庙会先后被列入国家非物质文化遗产名录。2007年以来，武当山荣获了"国家5A级旅游风景区""欧洲人最喜爱的中国十大景区""最受群众喜爱的中国十大风景名胜区""首届中国自驾车旅游品牌十佳目的地""中国最美的十大宗教名山"等荣誉。

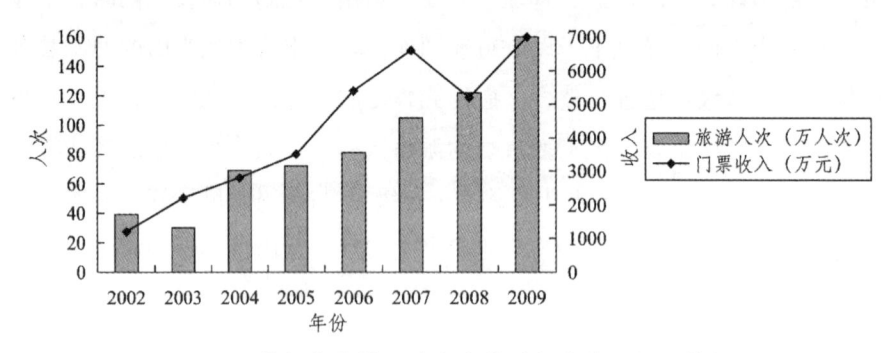

图 7-2 体制变革前后武当山旅游经济发展相关数据

武当山自然景观绚丽多姿、人文景观博大精深，有"亘古无双胜境，天下第一仙山"的美誉。改革开放以来，围绕着厚重的文化和瑰丽的古建筑群，武当山一直秉承旅游立市的发展方向。1994年成功申请了世界文化遗产，1997年成立了全国唯一的旅游经济特区，2003年更是全面实行封闭式管理，独立行使县级政府职能（见图7-3）。自1980年旅游开发以来，武当山取得了游客量年均增速19%的优异成绩，成功地塑造了一个世界级的景区。

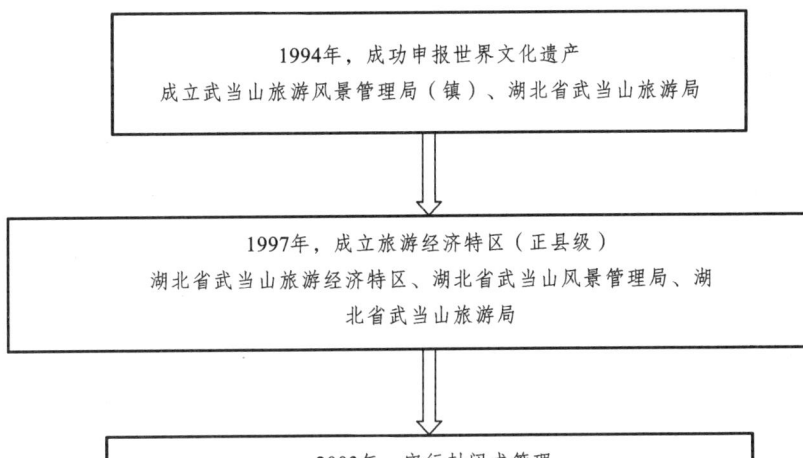

```
┌─────────────────────────────────────────────┐
│   1994年，成功申报世界文化遗产                │
│ 成立武当山旅游风景管理局（镇）、湖北省武当山旅游局 │
└─────────────────────────────────────────────┘
                     ↓
┌─────────────────────────────────────────────┐
│   1997年，成立旅游经济特区（正县级）          │
│ 湖北省武当山旅游经济特区、湖北省武当山风景管理局、湖│
│ 北省武当山旅游局                              │
└─────────────────────────────────────────────┘
                     ↓
┌─────────────────────────────────────────────┐
│   2003年，实行封闭式管理                      │
│ 成立湖北省武当山旅游经济特区工委（十堰市委派出）│
│ 管委会（十堰市政府派出）                       │
│ 合署办公，独立行使县级政府管理职权             │
└─────────────────────────────────────────────┘
```

图 7-3 武当山旅游发展重要节点

三、武当山管理体制变迁的特征

武当山现行的管理体制，就其系统性、可操作性、创新性、有效性而言，在我国景区中有其独到特点。因此，对这样一种全新模式的梳理，既可以填补学术空白，为更好地理解"政府在旅游资源保护、开发和社会调控中的作用"提供一个有力的分析工具，又能引导实践，为今后景区管理体制的改革提供可资借鉴的方向，从政府高端发力的高度进行一场助推我国旅游产业与社会经济迅速腾飞的理念创新。该模式最大的贡献是用武当山旅游经济特区这样一个强力组织统领整个区域的所有事务，破解了传统景区发展管理模式的制约性瓶颈因素，吻合了社会经济发展规律。

（一）主权不变、治权独立、事权下放

对景区管理者而言，景区的行政建制意味着它的行政地位，意味着它

可获得的行政授权与制度保障。而2003年的体制改革，确定了武当山旅游经济特区实行"主权不变、治权独立、事权下放"的管理体制。

主权不变：保持现有行政区划不变，这种做法减少了体制改革的阻力和成本，便于武当山旅游经济特区与十堰市、丹江口之间的事务协调。

治权独立：赋予武当山旅游经济特区独立行使县一级政府的管理职能和权限，实行封闭管理，全面负责武当山风景区的保护、管理、开发、利用、规划和建设。

事权下放：丹江口市除保留人大、政协、检察院、法院外，税收、公安、工商、规划、建设、土地、宗教事务处理等县级行政权力，由武当山旅游经济特区独立行使。

上述体制真正理顺了武当山与十堰市、丹江口、当地社区之间的关系，有效消除了部门之间的利益冲突，按旅游发展规律办事，由此拉开了武当山经济社会协调发展的新一幕。

（二）景政合一

武当山旅游经济特区管委会与武当山风景管理局一个机构，两块牌子，实现了"景政合一"。

"景政合一"的模式需要建立高效精干的管理机构。要加快武当山发展，只有轻装前进，基于这样的前提，武当山旅游经济特区决定恢复湖北省武当山风景名胜区建设领导小组，由一位副省长任组长。要按照"小政府，大社会"的管理模式，实行武当山政企分开、政事分开，实现管理经营分离，切实加大依法保护力度。核心景区管理要高效、精干，研究解决部门分割执法的问题，实行综合执法。同时要在管理机构内部引入竞争机制，积极推进人事制度改革，大力压缩机构和精减人员，实行定编定岗，竞争上岗。

（三）党政合一

为了减少行政和部门制约，武当山旅游经济特区开创性地实行了"党政合一"，破解了同心圆模式下"多头管理、相互推诿、效率低下"的怪圈。

第一，对职能部门进行合并精简，除检察院、法院等司法部门外，特区下设纪律检查委员会、组织人事部、宣传部、文物宗教局、旅游发展局、景区管理局、国土资源局、规划建设局、发展改革与经济局、公安局、人口与计划生育局、农村工作局、社会事务局、武装部、工会、团委、妇联、武当山道教协会、国税局、地税局、工商局、街道办事处、地方志办公室、中国武当功夫团等25个职能部门。

第二，不设人大和政协。

第三，只设一个一把手，工委书记、管委会主任由一人担任，主持和统筹全面工作；其他班子成员按职责分工分设，分管领导相互不交叉，大事党委会讨论，小事直接通过，现场发现问题、现场拍板和落实；权力充分下放，调动了中层领导干部的主观能动性和积极性。核心景区成立小红帽综合执法大队，肩负景区护林防火、环境卫生、交通秩序、游客服务等职能，有效解决了部门分割执法的问题。

第四，需要特别指出的是，与其他景区设立的、只被赋予政府部分职能的管委会或管理局不同，武当山旅游经济特区含有税务局等一级政府职能，使其有财力自主进行景区开发和建设。

（四）景城合一

世界遗产地风景区的行政建制需要从"确定风景名胜区的土地空间、确定风景名胜区的行政级别、确定用于支持风景名胜区保护与旅游经营的外围土地空间、确定风景名胜区与外围社区的行政关系"等四个方面着手考虑。除以上提到的武当山旅游经济特区为正县级行政级别、封闭管理以外，该体制还明确了武当山风景名胜区的土地范围以及与外围社区的行政关系。

　　武当山旅游经济特区的体制创新和演进是一个涉及面十分广的系统工程，牵动整个区域各方面的利益，核心问题是权力的设置和分配结构，即"决策在高层、决胜在中层、决战在基层"，在全国范围内具有首创精神和重要的借鉴价值。在 20 世纪八九十年代，武当山就已经实施了局镇合一的管理体制，武当山风景区管理局与武当山镇合二为一。随后武当山旅游经济开发区又被纳入武当山体制中，到 2003 年，武当山特区区域总面积 312 平方千米，其中城区规划区面积 6.8 平方千米，建成区面积 2.8 平方千米，辖 1 个街道办事处，29 个行政村，2 个居委会，总人口达到 5 万人，已是一个旅游城市的微缩体。从这个意义上看，武当山旅游经济特区已完全突破传统景区的单一管辖范围，以统筹社会经济发展为切入点，实现了景城之间的有效融合。一方面，为世界遗产地体制创新提供了一个参考范本，为解决制度上的刚性约束指明了新的方向，同时也对旅游城市或一般景区的开发有着重要的指导意义；另一方面，在攻克长期羁绊行政效能的行政机关职权重叠交叉问题上面取得良好效果，对政府机构改革和党的内部建设提供了可供参考的经验。

四、武当山管理体制变迁的动因

　　从 20 世纪 80 年代初开始，武当山就致力于管理体制的探索，率先实践出了国内独一无二的"旅游经济特区模式"，即实施"主权不变、治权独立、事权下放"管理体制，按照旅游目的地的发展方向和旅游发展规律特事特办，用武当山旅游经济特区这样一个强力组织统领整个区域的所有事务，实现保护与开发、管理与效益、山上与山下等多方面的统一协调，通过构建党政合一、精简高效的内部行政权力格局，实现服务型政府职能的转变。该模式顺应了道教尊重社会经济发展规律的思想，较好地破解了传统景区发展管理模式的制约性瓶颈因素。

自旅游开发以来，武当山经历了近 10 次的管理体制变迁。系统分析武当山管理体制变迁的内因和外因发现，外部力量的强势介入、内部管理制度的供求和管理激励、重大事件的推动构成了武当山体制变迁的主导性因素。

（一）多方利益博弈

政府管理机构的组织变革、职权范围和行政级别的调整是政府主导的结果，这种"自上而下"的管理体制变迁为管理模式创新奠定了基础。在武当山世界遗产资源所有权归属国家的前提下，武当山属地拥有收益权、控制权、管理权、经营权等附属权益的定性与重新划分成为体制创新的焦点，其结果取决于政府主导的相关利益主体的多重博弈。在不同的发展阶段，武当山世界遗产地景区制度设计需要充分考量不同利益主体的目标差异，在产权变革弹性较小的情况下，将政府官员、企业职工、投资商、社区居民等利益主体的积极性调动起来，建立有效的激励机制，达到多方博弈的动态均衡是制度变迁的核心任务。

（二）重大偶然事件

重大偶然事件的推动是武当山制度变迁的一条主线。2003 年 1 月，武当山遇真宫荷叶殿在一场大火中化成一片废墟，引起了国内外的广泛关注，湖北省省长被要求向联合国教科文组织做事故陈述，武当山管理体制和制度改革成为一个焦点问题，直接促进了武当山旅游经济特区特殊政策的出台。相关领导将此事形象描述为："一场大火烧出了一个旅游经济特区的新生。"回头看，虽然 2003 年世界遗产资源遭遇火灾是偶然事件，但反映的是管理体制的欠缺和漏洞，制度的变迁只是时间问题，具有一定的必然性。

管理制度的形成和变革都具有一定的惯性,先进制度代替落后制度需要强烈的外部动机,偶然性大事件在改革的关键时刻起到了重大推动作用。

(三) 旅游产业发展

旅游产业发展是武当山管理体制变迁的原动力。与我国绝大部分地区类似,武当山旅游开发始于改革开放初期对经济发展的迫切愿望。政府主导适度超前发展战略是起步阶段旅游开发的理性选择。1994年,武当山古建筑群列入世界文化遗产名录。自此,武当山蜚声海外,游客纷至沓来。世界遗产地旅游事业发展初期,急需大规模建设基础设施,大幅度升级、改造和新建旅游服务设施,在投资、财税、招商、管理等方面出现大量管理机构(行政级别为乡镇)无法解决的问题,体制改革和制度建设滞后严重。1997年体制改革之后,成立了正县级的武当山旅游经济特区,但宗教、文物、林业等部门责权不清,尤其是没有理清与丹江口市错综复杂的关系,最终武当山旅游经济特区仍由丹江口市代管,在实际运行中仍按乡、镇级政府职能模式进行管理,结果出现了"责权不清、相互掣肘"的局面。"管景区的管不了景点,管建设的管不了规划,管山的管不了林,管庙的管不了人",武当山仍然存在比较严重的"多头管理、政出多门"的问题。2003年1月19日,遇真宫主殿突发大火,就是武当山各类矛盾积累的后果。2003年6月17日,湖北省委、省政府在武当山召开现场会议,明确在保持现有的行政区划不变的前提下,赋予武当山旅游经济特区独立行使正县一级人民政府的管理职能和权限,实行封闭性管理,并成立武当山特区工委和特区管委会,分别为十堰市委、市政府的派出机构,与武当山风景区管理局合署办公。以此次会议为标志,武当山旅游业驶上了快车道。

1980年至2003年,武当山管理体制经历了8个阶段深刻的变革,管理机构几经分合、职责权限几经调整、行政级别几经变化,管理机构最终确定为武当山旅游经济特区。武当山旅游经济特区以旅游产业为引领,走出一条"跳出风景区看管理,跳出旅游看社会经济"的发展道路,按照区域经济一体化的理念把旅游的所有要素（包括需求、交通、供给和市场营销）和社会经济发展要求（如就业、脱贫、增收、提高人文素养等）都集中于一个有效的框架内来执行，具有目的地管理的典型特征。在行政改制目标上，武当山旅游经济特区有别于传统的风景区，按照旅游目的地的方向来构建体制，强调"景政合一"，武当山旅游经济特区不仅管理旅游方面的事务，也管理特区范围内村镇、城区的社会、文化、经济等事业，是一个"小政府，大社会"的形式，并借助经济、体制、制度的特殊性统领武当山旅游经济特区的发展。

五、武当山管理体制优化与演进

经济特区是中国改革开放的标志性产物，特指改革开放初期为发展经济、引领发展，在经济上实行特殊政策和管理、主要以引进外资来进行建设的地区。武当山旅游经济特区由湖北省设立的以旅游经济为特色的开发区演变而来，管理体制几经变更，管理职能多次调整，但仍然基本保留了开发区的经济社会管理特征，并不属于完全意义上的经济特区。总体而言，与国内其他经济特区相比，至少存在如下几个方面的显著不同。[1]

第一，区域特性不同。武当山旅游经济特区是旅游区域，这是它区别于深圳、珠海、厦门、汕头的首要内涵，与海南省旅游强省的定位有异曲同工之妙。然而，武当山旅游经济特区虽然冠以"旅游经济"的名号，但更偏向政策体制的演进，在经济层面上的特殊性措施并不是很强，没有税收、规划、建设、信贷、融资等方面的国家政策支撑。

第二，建立过程不同。1997 年，武当山风景区管理局（镇）与省级武当山旅游经济开发区合并成为湖北武当山旅游经济特区，为正县级机构，

---

[1] 秦岩，王衍用，代志鹏. 武当山旅游经济特区的建构与发展模式研究[J]. 特区经济，2011（8）.

由丹江口市代管。这样，就出现了一个世界级风景名胜区却按乡、镇级政府职能模式和工作方式管理的局面。2003年1月，武当山遇真宫荷叶殿在一场大火中化成了一片废墟，体制改革率先突破。当年6月，湖北省委、省政府决定在武当山设立真正意义的旅游经济特区，实施"主权不变、治权独立、事权下放"管理体制。

第三，体制创新不同。2003年的体制改革，确定了武当山旅游经济特区实行"主权不变、治权独立、事权下放"的管理体制，即在保证现有行政区划不变的前提下封闭管理，丹江口市除保留人大、政协、检察院、法院外，税收、公安、工商、规划、建设、土地、宗教事务处理等县级行政权力，由武当山旅游经济特区政府独立行使。

第四，演进逻辑不同。在行政改制终极目标上，武当山旅游经济特区有别于传统的风景区，按照旅游目的地的方向来构建体制，强调"景政合一"，不仅管理旅游方面的事务，也管理特区范围内村镇、城区的社会、文化、经济等事业。

武当山旅游经济特区的体制创新和演进是一个涉及面十分广的系统工程，牵动整个区域各方面的利益，核心问题是权力的设置和分配结构，本地管理者将其形象地总结为"决策在高层、决胜在中层、决战在基层"的链条模式，在全国范围内具有首创精神和重要的借鉴价值。需要指出的是，武当山旅游经济特区管理体制的发展本质仍没有跳出一把手经济的桎梏，管理绩效更多依赖领导者的影响力和个人魅力，缺乏法律保障，无法保证政策连续性和体制演进的平稳性；而政企合一的经营机制无法迎合游客爆炸式增长的新形势，政府统包统揽过多导致市场化运作不足，负担、压力和债务急剧增加，这需要武当山旅游经济特区深化体制改革、创新工作机制，建立企业化的旅游经营机制，做到产权清晰、权责明确、政企分开、管理科学。

2003年以来，武当山旅游经济特区经济社会发展驶入了快车道，取得了令人瞩目的成绩。基于复杂的历史沿革、财政分配、属地管理、文物保护、宗教管理等原因，武当山与丹江口市之间的关系"剪不断、理还乱"。2003年，遇真宫主殿意外失火，就是文物管理权属、财政收支权限等重重矛盾的集中爆发。以加强世界遗产属地管理为契机，武当山旅游经济特区体制改革向前迈进了一大步，开始封闭运行，独立行使管理职权。但其行政区划位于丹江口市行政区划内，并不与十堰市城区接壤，事实上形成一块地理区位上的"飞地"。而武当山旅游经济特区人大、政协、司法等职能仍旧归属丹江口市，并且其基础设施建设职能，如公共交通系统、通信系统、电力系统等仍然由丹江口市统筹建设。与丹江口市的矛盾和摩擦旷日持久，导致武当山旅游经济特区处境颇为尴尬。为此，2009年后湖北省委决定将武当山旅游经济特区一把手行政级别调至副厅级，以期更好地协调与丹江口市的关系，但因历史包袱沉重，成效并不明显。随着旅游综合改革在全国的大力实施，武当山旅游经济特区的发展再一次走到了改革突破的十字路口。新时代，旅游发展出现了新趋势，旅游市场产生了新需求，武当山旅游经济特区应突破自身区域的限制,将武当山旅游经济特区全境、六里坪镇全境、均县镇全境合并,组建武当新区,成立完全意义上的县(区)级政府，作为十堰市所辖的县（区）级行政，彻底理顺与丹江口市的行政隶属关系，走大武当、大区域、大品牌的道路，发挥其在区内区外、省内省外、国内国外等多个战略发展格局中的核心作用，为世界遗产地和5A级景区加快改革发展步伐提供经验和示范，为十堰市产业结构调整以及新阶段下发挥旅游产业的综合功能探索新道路，进而提升"鄂西生态文化旅游圈"的综合竞争力。

第二节　景区开发空间与建设模式

　　旅游开发是根据旅游资源区位条件、旅游客源条件、当地自然条件、经济条件和社会文化条件等，运用适当的资金和技术手段，通过科学的调查、评价、规划、建设、经营等活动，使未被利用的资源得到利用，已被利用的资源在深度和广度上得到加强，并对资源、市场产品、人才等进行综合研究，确定发展方向，建好相应的配套设施，创造更好的效益，使旅游业在区域内得以建立、完善、发展和提高的过程。旅游资源开发是旅游开发的重要组成部分，是旅游开发的基础与前提。在旅游开发实践过程中，旅游开发者往往会根据旅游地资源及其客源市场进行充分调研，然后进行旅游规划和景区建设。这种开发在依托资源、坚持市场导向的开发原则下进行。不同类型的旅游资源有着不同的开发方式，如自然景区可以根据其自然特征开发成森林公园、地质公园、生物保护区公园等。还可根据旅游活动主题的不同，开发红色旅游、养生休闲旅游、科考旅游等。而事实上，每一项旅游资源的开发，并非为理论讨论上的单一活动，而是"发现资源特色"与"寻找市场机会"之间多重循环的综合性复杂活动。通常情况下，无论旅游景区（点）的大小，其呈现出的旅游产品大多数都是综合的、多元的和动态的。

自20世纪80年代初武当山旅游资源开发以来，伴随旅游开发实践进程，经历了多次体制变革，逐渐理清了旅游治理体制，旅游开发实践取得了较好的成绩。本章节所探讨的内容并不仅限于武当山旅游风景区，而是包括更大范围内的以武当山旅游风景区为核心的、位于武当山旅游经济特区的各类旅游景区，如武当博物馆、玉虚民俗街区、太极湖度假区等。基于资源特色、旅游区现实条件以及市场因素制约与影响，武当山旅游资源开发创造了一批知名旅游景区（点），从中可以总结归纳出多种旅游资源开发的实践模式。

一、景区物理空间构成

景区建设是旅游开发的根本性、关键性工作。景区是旅游开发的直接产品，是对于旅游者最关键的吸引物，也是旅游者观赏、体验的直接对象。

此外，景区也是旅游者进行娱乐、观赏、购物等旅游活动的主要承载空间，因此，景区物理空间的构成设计与建设是旅游开发最为重要的内容。景区物理空间可以是一个自然保护区、一个或多个森林公园组合、一个街区、一个集镇或一个村庄聚落。旅游景区开发与建设的物理空间，主要是根据资源的特色、旅游地基础、社会经济以及人文环境，结合旅游开发的具体情况，采取了多种空间构成设计与建设方法。

武当山最大的资源优势是道教文化，道教古建筑、武当武术是其核心。

从旅游景区开发来看，武当山旅游立足于保护较好的道教古建筑，开发了太子坡、紫霄宫、南岩、金顶、琼台、五龙宫 6 个景区，形成了武当风景名胜游览和武当朝圣专项旅游产品。同时加大了武当武术的开发力度，定期举办了以弘扬武当武术文化为宗旨的武当国际旅游节，为深度开发武当武术专项旅游产品打下基础。

武当山的景区、景点建设还处在保护和修复阶段，一大批景点、文物还处在"养在深闺人未知"的境地。目前仅有南岩、金顶两大景区发挥了较好的效益，其余景区尚待深入开发。东神道、西神道和南神道原本是通往金顶的 3 条道路，由于种种原因，西神道、南神道日渐破损，游客目前大多走东神道，使武当山旅游缺乏环形线路。武当山拥有规模宏大的古建筑群，不少景点如五龙宫、玉虚宫却给人一种满目凄凉、残破不堪的感觉，与武当山蜚声中外的地位极不相称。

二、观光旅游模式

武当山属于典型的传统文化风景旅游地，其武当文化博大精深，是世界道教圣地，也是古代皇室家庙。然而，近年来武当山的旅游发展逐渐遭遇瓶颈。持续多年的高游客量已使景区承载力达到极限，特别是在旅游高峰时段，核心景区的神道和宫观更是人满为患。尽管游客量极高，但并未能带来旅游收入的同比增长，游客量的增速远远快于旅游收入的增速，增收分离的现象愈发明显。根据对武当山游客类型的市场调研结果，70%的游客属于短途观光型，他们的主要出行目的是观光游览，因此平均停留时间中 72%的游客都在 1~2 天。消费构成上，他们主要以门票、交通等刚性需求为主，92%的游客平均消费不超过 1000 元。这种以短途观光型游客为主导的旅游模式，导致武当山旅游收入增长速度较慢，且对地方经济的带动作用和百姓增收的效应均较弱。

与核心景区旅游趋近饱和的现状不同，武当山在传统观光游之外，还在不断萌生出多种新兴旅游模式。尤其是在尚未开发的"非核心景区"片区内，许多徒步爱好者开始探索武当山的西神道景区，采用徒步上山的方式，重拾历史上香客朝圣祈福的历程。此外，大量养生民宿、自改民宿等旅游业态在景区中出现，为游客创造了更为多元化、特色化的体验空间。另外，武当武术和武当道医的影响力日益增强，每年吸引大量慕名而来的习武养生人群。虽然这类游客在数量上并不占主导，但他们往往是追求身体和心灵健康的高端消费人群，更愿意反复前往和长期停留，因此具有巨大的发展潜力。

三、民俗活动再现模式

武当山的民俗活动丰富多彩，涵盖了庙会、武当武术、道教信仰与祭祀活动以及其他多种形式的民间艺术表演。这些活动不仅展示了武当山独特的道教文化和自然风光，也促进了当地经济发展和文化传承。武当山以其独特的魅力，吸引着无数游客前来探访，感受其深厚的文化底蕴和独特的自然风光。

武当山地区还拥有丰富的民间艺术资源。舞龙、舞狮、采莲船、抬花轿等传统民俗表演，形式生动活泼，富有地方特色，深受游客喜爱。这些表演不仅展示了武当山地区的民间艺术魅力，也为游客提供了丰富的文化娱乐体验。

四、舞台展演模式

"武当一梦"是一项极具武当特色的沉浸式综合文化景区项目，该项目以沉浸式文旅演绎为核心，融合了多种形态的演出、研学活动、文创体验以及特色商业街、民宿、餐厅等多种业态，旨在打造成为高品质的文化旅游目的地。项目总建筑面积达到了 5.7 万平方米，涵盖了 13 栋单体建筑，其中包括大剧场、多功能厅等多个重要的演艺场所。在"武当一梦"的园区内，共有八个精彩的节目，这些节目被精心划分为两大核心板块和六个创意板块。两大核心板块分别是大剧场内的"武当一梦沉浸式室内实景互动演绎"和多功能厅中的"道乐盛典"。六个创意板块则包括了球形影院"飞跃武当"、崖壁瀑布上的"武当瀑布光影秀"、商街戏台上的"武当有戏"、沉浸式剧场"再现武当"、龙头剧场中"武当演武场"以及八卦广场上的"武当大巡游"，这些项目共同为游客提供了丰富多彩的文化体验。

《传奇·太极武当》则是中国首部道家文化主题的沉浸式歌舞剧。该剧以武当山太极的故事为原型，以张三丰的生平遭遇为主线，生动地讲述了太极拳的创立与传承源自武当山的传奇故事。这部舞台剧历经三年多的创作和五个多月的紧张排练，巧妙地融合了百老汇舞台剧等多种演出形式，通过武术阵营的辅助、舞蹈的展现以及音乐、歌曲、传说、对白、戏剧等多种元素的加入，呈现出了一幅完整而生动的剧幕。在演出形式上，《传奇·太极武当》采用了当今最流行的沉浸式、互动式的演出方式，让观众在观赏过程中能够体验到"沉浸式+互动式+行进式+静默式"的全方位观演感受。同时，恢宏大气的舞台设计、数字多媒体技术的巧妙应用以及演员们声情并茂的表演，都让观众对太极拳创立背后的历史内涵有了更深入的了解，全面展示了武当山道家文化的传统魅力。

五、博物馆模式

武当山博物馆位于湖北省丹江口市武当山特区文化广场，2008年4月23日开馆迎客。博物馆总投资1800万元，总面积5820平方米，其中展厅面积4418.7平方米，共分3层，设武当建筑、仙山名人、武当道教、道教造像等8个展厅，展出了皇室珍品、御赐实物等近420余件精品文物，还有馆藏文物近2000件，其中70%为国家一级文物。

在展陈设计上，采用现代化的声、光、电等高科技手段，如通过蜡像群展示大修武当的场景，还设有多个看点，如金龙玉璧山简、木雕圣旨牌、救苦天尊像、玄天上帝圣牌等，多种角度展示了武当文化的博大精深。

文化挖掘与展示方面，武当山博物馆聚焦武当文化，从建筑、道教、武术、民俗等多方面展示。武当山博物馆重视教育功能，定期举办研学活动、夏令营等，发挥教育作用，推出的香道、活字印刷、茶道等体验活动深受欢迎。

此外，武当山启动了武当山文化遗产数字化项目，致力于武当山文化遗产保护和推动文化遗产活化事业。加强了与故宫的交流合作，开发武当古建筑文创产品，谋划建设武当古建筑"文物医院"。实施"九宫八观"活化工程，推出"奇遇张真人""遇见武当"等沉浸式互动体验项目，推出"文潮武当"系列数字藏品计划。通过对文化遗产的数字化保护和开发，让文化遗产"活在当下"。

第三节 国家级非物质文化遗产开发模式

一、武当山国家级非物质文化遗产概述

武当山的国家级非物质文化遗产，是武当文化的重要组成部分，承

载着深厚的历史底蕴和文化价值。武当山旅游经济特区拥有武当武术、武当山宫观道乐、武当山庙会3项国家级非物质文化遗产，武当山道教医药、武当山道茶炒制技艺、武当山的传说、武当武术（三丰太极拳）4项省级代表性项目，7个市级代表性项目以及6个区级代表性项目。现有省级代表性传承人5名，市级代表性传承人11名，区级代表性传承人34名。

其中，武当武术是最为著名的一项，它以独特的风格和深厚的文化内涵闻名于世。武当武术融合了道教的哲学思想、养生理念和武术技巧，具有鲜明的文化特色。其拳法、剑法、功法等种类繁多，武当功夫以张三丰所创太极拳最为著名，主要有拳、剑、枪等流派。拳派分为陈氏太极拳、杨氏太极拳、吴氏太极拳、武式太极拳、孙氏太极拳、形意拳、八卦掌等。剑派分为武当丹派剑术和武当太乙神剑门。枪派为太极枪。目前，武当武术各种流派已被纳入国家级非物质文化遗产保护项目。武当武术文化融合了武术文化特色和社会文化影响等方面的因素，最终形成道家文化思想影响下的武当特色文化。武当武术文化是以道家哲学思想、道家精神为基础，融入儒家、佛学、中医学、兵学、养生等思想，并在中国传统文化和荆楚地域文化的孕育下，经历各个历史时期的演变和沉淀下来的物质和文化的综合体。

武当山道教音乐也是一项重要的非物质文化遗产。它在道教仪式和活动中扮演着重要的角色，具有舒缓、悠扬的特点。道教音乐的演奏乐器包括钟、鼓、磬、笙、箫、笛等，其曲目丰富多样，有的用于祭祀，有的用于修炼，体现了道教对宇宙、自然和人生的理解。此外，武当山的道教法事、传说故事等也都属于非物质文化遗产的范畴。道教法事具有严格的仪式程序和象征意义，通过仪式展示道教文化；传说故事则丰富了武当山的文化内涵，为武当山增添了神秘色彩。

二、文化演艺开发模式

（一）大型实景演出

以武当山的自然景观和文化遗产为背景，打造大型实景演出。如在武当山的山谷或湖泊等自然场景中，利用灯光、音效、特效等现代技术手段，展现武当武术、道教音乐和传说故事等。演出内容可以围绕武当山的历史发展、神话传说或道教文化的核心价值观展开，通过精彩的表演和壮观的场景，给观众带来强烈的视觉和听觉冲击。在演员的选择上，可以邀请专业的武术演员、舞蹈演员和音乐人员，同时也可以吸收当地的民间艺人参与，使演出更具地方特色。武当山旅游经济特区重磅打造"武当一梦"演艺项目等主客共享的沉浸式非遗旅游综合体，深受海内外游客的关注与认可。

（二）室内舞台演出

在景区、太极剧场推出室内舞台演出。室内演出可以更加注重剧情的设计和艺术表现，通过精心编排的舞蹈、音乐、武术表演等形式，深入展现武当山非物质文化遗产的内涵。可以根据不同的主题，如"武当传奇""太极之韵"等，打造一系列的演出剧目。演出的舞台设计要富有创意，结合现代舞台技术和传统道教文化元素，营造出独特的舞台氛围。同时，为观众提供舒适的观看环境和高质量的音响、灯光效果。

（三）互动式演艺体验

开发互动式演艺体验项目，让游客参与到表演中来。例如，设置小型的表演场地，游客可以在这里学习武当武术的基本招式，与演员一起参与道教音乐的演奏，或者参与模拟道教法事的表演。通过这种互动式体验，游客能够更加深入地了解和感受武当山非物质文化遗产的魅力，同时也增加了旅游的趣味性和参与性。在互动过程中，要有专业的指导人员进行讲解和指导，确保游客能够正确地参与表演。

三、体验活动开发模式

（一）武术研习与体验

1. 武术培训课程

在景区内开设武当武术培训课程，邀请武当武术大师或专业教练担任授课教师。课程内容可以包括武当太极拳、形意拳、八卦掌等多种武术流派的基本招式、套路和功法。根据游客的不同水平和需求，设置初级、中级和高级课程，满足不同层次游客的学习需求。培训课程可以采用短期集训或长期培训的方式，让游客在旅游的同时，有机会深入学习武当武术。

2. 武术比赛与交流活动

定期举办武当武术比赛和交流活动，吸引国内外的武术爱好者参与。比赛可以设置不同的项目和组别，如个人套路比赛、对练比赛等。通过比赛，促进武当武术的传播和发展，同时也为游客提供了一个观摩和交流的平台。在活动期间，还可以举办武术研讨会、讲座等，邀请武术专家和学者分享武当武术的研究成果和发展趋势。

（二）道教文化体验活动

开展丰富的道教仪式体验，组织游客参与道教仪式体验活动，让游客亲身感受道教文化的神秘与庄重。在专业道士的指导下，游客可以参与如斋醮、祈福等简单的道教仪式。在仪式过程中，道士向游客讲解仪式的意义、程序和象征，使游客了解道教文化内涵。这种体验活动要尊重道教的传统和教义，确保仪式的规范性和严肃性。开展道教养生活动，如开设道教养生讲座，介绍道教的养生理论、饮食方法、气功修炼等知识；设置养生功法练习课程，如八段锦、五禽戏等传统养生功法的教学；提供道教养生餐食体验，让游客品尝根据道教养生食谱制作的餐食。通过这些体验活动，游客可以学习到道教的养生智慧，并将其应用到日常生活中。

四、节庆活动开发模式

武当世界太极大会、武当国际武术节等节事盛会是展示武当武术和吸引国内外游客的重要平台。武术节期间，举办大型武术比赛，邀请世界各地的武术团队和个人参赛。比赛项目涵盖武当武术的各个流派和种类，同时也包括其他传统武术项目。除了比赛，还举办武术表演、武术论坛、武术展览等活动。武术表演可以邀请国内外著名的武术团体和个人进行精彩的展示；武术论坛邀请武术专家、学者、教练等共同探讨武术的发展趋势、传承与创新等问题；武术展览展示武术器械、武术服饰、武术古籍等相关物品，让游客更加全面地了解武术文化。

开展武当山道教文化节，以弘扬道教文化为主题，通过一系列的活动展示道教的历史、教义、仪式、艺术等方面的内容。活动包括道教法事表演、道教音乐演奏会、道教文化讲座、道教文物展览等。道教法事表演可以展示传统的道教仪式，让游客了解道教文化；道教音乐演奏会邀请专业的道教音乐团体进行演奏，展现道教音乐的独特魅力；道教文化讲座邀请知名的道教研究学者讲解道教的经典作品、思想和文化；道教文物展览展示武当山收藏的道教文物，如经书、法器、书画等，让游客欣赏道教文化的瑰宝。

深化武当文化节的意义与影响。武当山道教文化节的举办，对于传承和弘扬道教文化具有重要意义。不仅可以吸引大量的游客前来参与，促进当地旅游经济的发展，还可以加强道教文化的国际交流与传播。通过文化节的活动，让更多的人了解道教文化的博大精深，增进对传统文化的尊重和热爱。同时，文化节也为当地的文化产业发展提供了契机，如道教文化产品的开发、文化旅游项目的拓展等。

五、对外交流与推广模式

（一）积极参加国际文化遗产交流活动

武当山作为世界文化遗产的瑰宝，积极投身国际文化遗产交流活动具有至关重要的意义。如联合国教科文组织举办的世界文化遗产大会这类高规格的国际盛会，汇聚了全球各国的文化遗产精英。参与这种国际盛会能够充分展示自身丰富多样的非物质文化遗产资源，这些资源犹如璀璨的繁星，闪耀在世界文化的天空。例如，武当山的道教音乐，其悠扬的旋律、独特的演奏方式以及深厚的文化底蕴，承载着数千年的历史记忆；武当武术更是闻名遐迩，一招一式都蕴含着博大精深的道家哲学。通过与其他国家和地区的文化遗产保护机构、旅游部门深入交流，武当山能够接触到国际先进的保护和开发理念。例如，学习欧洲古老城堡保护中运用的数字化存档技术，将武当山古建筑的每一个细节都以数字化形式永久保存；借鉴日本对传统技艺传承人的扶持政策，进一步完善武当山武术和道教文化传承人的培养体系。这些交流活动无疑会提升武当山非物质文化遗产的国际知名度和影响力，让更多国际人士了解到武当山不仅是一座风景秀丽的名山，更是一座承载着千年文化的宝库，从而吸引更多国际目光关注武当山的文化保护与旅游发展。

（二）国际旅游推介会自我展示

国际旅游推介会是武当山走向世界旅游舞台的重要途径，如柏林国际旅游交易会、伦敦世界旅游交易会等，都是全球旅游行业的盛会。在这些推介会上，武当山可以充分展示其独特的旅游资源和非物质文化遗产。通过展示精美的图片，武当山的壮丽景色和丰富文化得以直观呈现。在推介会上与国际旅游运营商、旅行社等建立合作关系是拓展国际旅游市场的关键。此外，通过参加国际旅游推介会，武当山可以及时了解国际旅游市场的需求和趋势。例如，当前国际旅游市场对生态旅游、文化体验旅游的需求日益增长，武当山可以根据这些信息，进一步加强对生态环境的保护和文化内涵的挖掘，开发更多符合国际游客需求的旅游项目，如生态徒步线路，让游客在徒步过程中欣赏自然美景的同时，了解武当山的生态系统；增加文化体验活动的种类和深度，如举办道教文化研讨会、武当武术国际训练营等，为武当山的旅游开发和文化遗产开发提供有价值的参考，使武当山在国际旅游市场中保持竞争力。

（三）开展文化交流与合作项目

开展国际文化交流与合作项目是武当山提升国际影响力、促进文化传播与发展的有力举措。武当山可以与国外的武术学校、道教研究机构、文化艺术团体等建立长期稳定的合作关系。与国外武术学校的合作，可以互派武术教练。武当山的武术教练带着正宗的武当武术技法和文化内涵走向世界，向国外的武术爱好者传授武当武术的精髓，如太极拳、八卦掌等传统武术套路。同时，国外武术学校的教练也能来到武当山，带来不同的武术训练理念和方法，促进武当武术的创新发展。这种交流能够让武当武术在国际上得到更广泛的传播，吸引更多国际人士学习武当武术，了解其背后的道家文化。

与文化艺术团体加强合作，开展联合演出活动，将武当山的道教音乐、舞蹈等文化艺术形式与国外的艺术表现形式相结合。比如，与国外的交响乐团合作，将武当道教音乐中的古老乐器与现代交响乐乐器融合，创造出独特的音乐作品；与国外舞蹈团体共同编排舞蹈，把武当武术的动作元素融入其中，展现出一种全新的艺术风格。这种跨文化的艺术合作不仅能够促进武当山非物质文化遗产在国际上的传播和交流，还能吸引国际艺术爱好者的关注，提升武当山文化艺术的国际影响力

  同时，这些国际文化交流与合作项目也为武当山引进国外的优秀文化资源创造了条件。国外的先进教育理念可以应用于武当山武术和文化传承人的培养体系中；不同风格的艺术形式可以丰富武当山的文化表演内容；新的研究方法和视角能够为武当山的文化研究带来新的思路。通过这种双向的文化交流与合作，武当山的文化内涵将更加丰富多元，有力地推动武当山旅游和文化产业的国际化发展，使武当山成为国际文化旅游的热门目的地。

第八章

武当山全域旅游发展专题研究

第一节 武当山全域旅游发展研究[①]

一、全域旅游发展的时代背景

根据近几年文化和旅游部发布的统计数据，由于互联网尤其是移动互联网的快速发展，旅游者的旅游消费需求发生了显著变化，高度定制化的自由行取代标准化的团队游成为旅游者最主要的旅游方式，散客化取代跟团游导致旅游组织方式发生重大变革。游客旅游需求多样化、个性化和旅游行为由传统单一型观光游览向休闲娱乐度假多元复合型转变对旅游目的地产生了一系列持续影响：推动旅游产业结构转型升级、推动景区供给向旅游目的地供给转变、推动城市空间功能旅游化。

二、全域旅游的内涵分析

厉新建（2013）系统阐释了"全域旅游"的内涵以及全新资源观、全新产品观、全新产业观和全新市场观。李金早（2016）认为，全域旅游是指在一定区域内，通过对区域内经济社会资源、相关产业、生态环境、公共服务、体制和政策等要素整合、优化和提升，实现区域内旅游与社会经

---

① 廖兆光，肖弯. 供给侧改革背景下推进全域旅游目的地建设研究——以武当山为例[J]. 汉江师范学院学报，2017（3）.

济融合发展、创建社会共建共享的旅游环境，带动和促进经济社会协调发展的一种新的发展理念和模式。

基于以上研究成果，笔者认为，全域旅游目的地是指以全域旅游为发展理念，通过全面动员资源（物化资源和非物化资源），立足全面创新产品（实物产品和服务产品），全面整合旅游相关要素（旅游产业要素和关联产业要素），全面满足游客需求（多样化和个性化）的综合性、开放式旅游目的地。就空间尺度而言，从旅游发展实践的角度来看，城市（镇）是发展全域旅游目的地的最佳载体。

全域旅游是一种新型旅游目的地发展形态，要求实现旅游目的地由旅游资源、旅游景区、宾馆饭店等单纯性资源要素向旅游空间全景化、旅游要素配置全域化、旅游城市功能旅游化、旅游公共服务系统配套化、生态环境和社会文化环境整体优化的转变。其内涵主要表现在以下六个方面（见表8-1）。

表 8-1 全域旅游目的地内涵分析

要　素	发展要求
旅游空间	1. 不是全面开发到处建设景区景点，要更加关注建设适应自助旅游的公共服务体系； 2. 全面开发按景区标准规划建设，整体优化环境，优美景观，推进全域景区化； 3. 依托完善的交通体系，打造各具特色的主体功能区
旅游要素	1. 要求旅游要素和旅游服务全域覆盖，构建随处可见的温馨便捷服务； 2. 全域旅游要求统筹建设旅游目的地，旅游要素配置全域化，更加注重公共服务的系统配套； 3. 以游客体验为中心，以提高游客满意度为目标，整体优化旅游服务的全过程
城市功能	1. 以旅游产业统筹城市经济社会发展，实现景区供给向旅游目的地供给转变； 2. 构建以旅游领域为核心的社会管理体系，实现城市功能旅游化

续表

要　素	发展要求
公共服务	1. 规划与建设环境卫生、交通系统、公用设施和服务设施等硬件建设，充分融入旅游与环境意识，充分考虑旅游发展的需要； 2. 社会服务体系，尤其商务、公务、会议、科技文化交流等方面要更加注重系统配套
生态环境	1. 通过积极有效的开发性保护，减轻核心景区承载压力，美化优化生态环境； 2. 协调好景区、社区（城镇、乡村）、风景道、产业区、生态区、文化区等关系，形成特色景观吸引和配套旅游服务功能
社会文化	1. 挖掘和培育旅游目的地文脉，营造内在文化素质和精神理念，塑造鲜明的旅游文化形象； 2. 全域旅游的旅游质量和旅游形象由整个社会环境共同构成

三、全域旅游目的地发展系统分析

（一）全域旅游目的地发展系统结构模型

从旅游业发展现实来看，旅游发展不仅仅是旅游资源开发、旅游项目建设、旅游公共服务建设和旅游基础设施配套等具体问题。在旅游产业引导下，景区与城市融合发展是现代旅游业内生型成长的客观趋势。因此，旅游发展已经成为区域和城市经济社会发展的一个重要部分，是当前国民经济供给侧结构性改革的重要领域。因而从城市与景区融合的角度来构建全域旅游目的地发展系统，厘清全域旅游发展驱动要素和动力机制更具现实意义。全域旅游目的地发展系统是一个主要由旅游市场需求牵动和旅游市场供给推动所构成的，并由中介系统引导和相关发展条件辅助的互动型系统（见图8-1）。

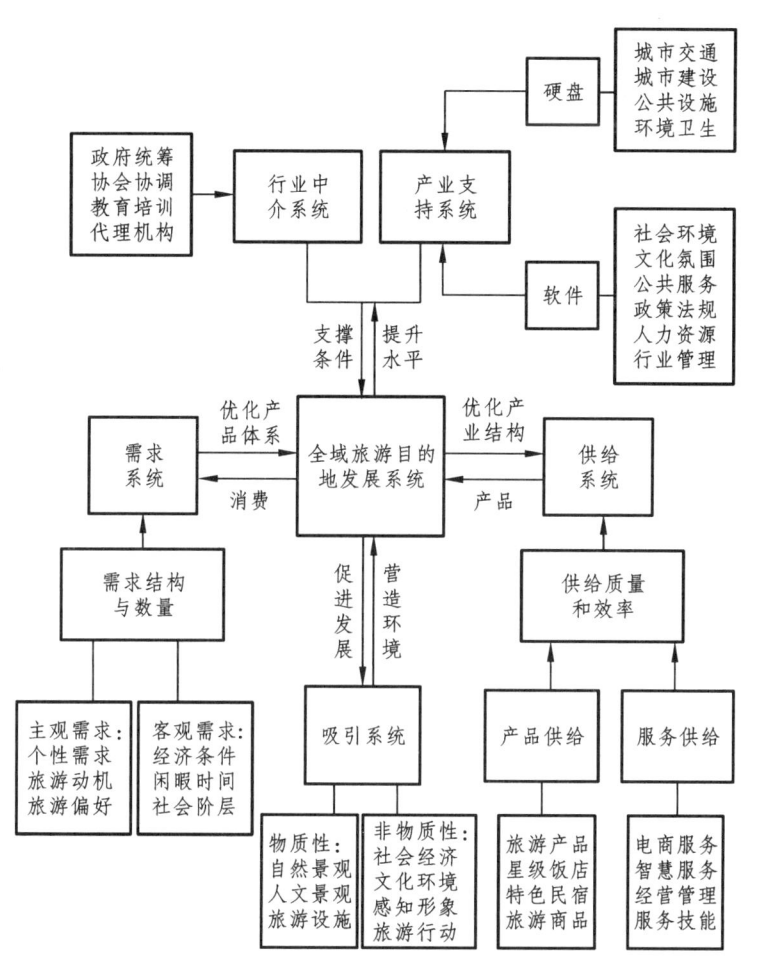

图 8-1　全域旅游目的地发展系统结构模型

（二）全域旅游目的地发展系统分析

该系统以提高旅游供给体系的质量和效率为目标，以利益共享为主要的驱动方式，以市场交易为基本的合作方式，以产业结构优化为改革的主要领域，以政府统筹与协会协作为主要的协调方式，以空间区域协同发展为主要竞争方式，最终推动以景区供给为核心向旅游目的地供给为核心的一种综合性战略平台（见表 8-2）。

表 8-2 全域旅游目的地发展系统要素

子系统	代表性要素	内涵解读
旅游需求系统	主观（个性需求、旅游动机、旅游偏好）；客观（经济条件、闲暇时间、社会阶层）	1. 旅游需求系统重点要研究需求结构和需求量及其未来趋势。其中需求结构重点是分析需求的空间结构、时间分配、需求类型和旅游者结构等；需求量重点研究需求总量、不同区域和不同类型的需求量、需求的时间变化系列等； 2. 未来趋势则是从主观和客观需求及宏观社会经济背景中分析未来旅游需求的发展变化
旅游供给系统	景区景点、宾馆饭店、交通设施、服务供给、经营管理、旅游资讯、智慧旅游等	1. 满足游客在"吃、住、行、游、购、娱"方面的体验需求，同时增加"文化、科教、资讯、环境、制度"等相关要素上的供给； 2. 适应移动互联网时代旅游消费的变化，强化旅游目的地智慧旅游建设，重点加强解说系统、游览引导、电商服务等方面建设
旅游吸引系统	物质性（自然与人文景观、旅游设施）；非物质性（经济、文化、旅游形象）	1. 物质性旅游吸引系统主要包括：各种类型景观和各类型旅游服务设施等硬性因素； 2. 非物质性旅游吸引系统主要包括：经济环境、文化环境、旅游形象、公共服务、居民对游客的友好氛围、旅游发展法律法规等软性因素
行业中介系统	管理机构、行业协会、代理机构等	中介系统主要包括：旅游目的地政策法规、各种类型的传媒、旅游推介会、行业协会、相关学术研究成果
产业支持系统	旅游目的地城市建设、交通建设等硬件设施；社会环境、管理制度、政策法规、人力资源等软环境	1. 全域旅游发展的硬环境：旅游目的地在建设风貌、环境和卫生、城市交通、公用设施和服务设施等方面融入旅游意识，加强建筑、装饰、园林、历史街区的旅游化改造； 2. 全域旅游发展的软环境：主要指在发展理念、社会环境、文化氛围、公共服务等方面贯彻全域旅游战略

四、建设全域旅游目的地创新对策——以武当山为例

武当山是世界文化遗产，全国道教名山。20世纪80年代初以来，武当山成功地实现了三次大的飞跃：一是成功申报世界文化遗产。二是构建了"旅游经济特区"，理顺了行政建制和管理体制。将旅游发展的落脚点从风景区经济提升到区域经济层面，实现了从山区小镇到旅游经济特区的历史性跨越。三是全力推进全域旅游区建设。以人文环境和旅游氛围为特色赋予武当山镇城市功能旅游化，突破传统景区的单一管辖范围，以旅游业统筹社会经济发展，旅游业的经济引擎功能、文化扩散作用、环境改善质量和社会协调效应日益显著。

基于全域旅游目的地发展系统内涵分析，结合武当山旅游经济特区旅游业改革与发展实践，笔者提出武当山旅游经济特区全域旅游目的地建设发展对策，仅供有关政府部门及研究人员参考。

（一）建立统筹化的协调机制，推进旅游相关政府机构多边协作

旅游供给侧结构性改革的总体要求是：区域旅游产业资源配置不断朝着整体化、系统化优化。通过供给侧结构性改革实现突破性发展，客观上要求以旅游市场为导向，找准供需错位的关键要素和薄弱环节，遵循市场经济规律，破除隐性壁垒，实现旅游产业要素的自由流动。旅游业的综合性决定旅游供给侧结构性改革需要顶层设计和统一协调，尤其需要行业联动、产业融合，要把旅游业供给侧结构性改革置于经济改革的全局之中，统筹旅游业改革与发展问题。必须指出,在现行条块分割行政管理体制下，武当山旅游经济特区旅游部门的统筹协调能力相当有限。因此，要建立政府、企业、景区之间多元化的协调机制，统筹旅游业供给侧结构性改革。

一是要建立政府间统筹机制，成立市级旅游发展委员会，由市政府主

管领导担任主任委员，设立旅游工作联席会议制度，成员包括旅游、工商、农业、林业、宗教、税务、财政、公安等部门，完善政策法规体系，研究解决旅游供给侧结构性改革中的配套政策和管理体制问题，其常设办公机构可设在武当山旅游经济经济特区管委会。

二是要建立旅游企业层面的协调机制，建议市饭店业协会、市旅行社协会等承担协调职能。通过扫除观念方面的障碍，建立行业监管体系，通过市场化调节机制，确立共赢和协同思维，实行战略协同和联盟，构建合理的产业结构和体系，提升整体竞争力和经济效益。

三是建立景区层面的协调机制，建议由武当山风景区牵头，以武当山为龙头，在宣传促销、市场推广等方面统一行动，塑造鲜明的旅游形象。这种多元化的协调机制，是武当山旅游业供给侧结构性改革的关键，是武当山旅游业走向整体性发展和结构性优化的保证。

（二）完善智慧旅游服务系统，推进"互联网+旅游"全域覆盖

随着信息技术的发展，移动终端设备的大量普及，近几年，智慧旅游和旅游物联网开始兴起，推进旅游业由"信息化"时代和"数字化"时代大步迈进"智慧化"时代。武当山旅游经济特区要围绕智慧化改造，统筹建设全域旅游目的地，通过提升城市公共服务、加强景区旅游解说、完善旅游设施、优化旅游环境等措施，实现旅游要素和服务全域覆盖，构建随处可及的温馨便捷服务，以提高游客体验价值，整体优化旅游服务的全过程。

一是加强智慧旅游基础硬件建设，完善智慧化旅游功能。完善旅游信息查询触摸屏布点；增加自助取票设备和智能门禁系统，使游客能利用电子门票或扫码自助验证便捷进入景区；试点建设"无线景区"，为进入景区的游客提供免费便捷的网络服务。现阶段的重点是提高 4G、5G 网络覆盖率和完善手机等移动智能设备 Wi-Fi 热点布局。

二是开发完善智慧终端应用，加强智慧旅游服务平台建设。主要包括与携程、美团、途牛、淘宝旅行等旅游电子商务平台合作建设区域旅游信息资源库；开发完善手机 APP、微商城实现线上线下互动；完善手机接收视频、音频等移动互联网资源功能，通过官方微博、微信公众号等新媒体对目标市场进行精准推送。

三是完善在线旅游声誉监测，有效挖掘在线评论数据。移动互联网时代，越来越多的游客通过网络分享自己的旅游体验，旅游目的地在线评论已经成为旅游者旅游决策的重要影响因素。因此，武当山要建立游客反馈管理机制，负责及时收集、整理、挖掘游客在游前、游中、游后对武当山的评价反馈数据。通过大数据分析，预测旅游需求类型、结构和变化趋势，分析旅游发展瓶颈，同时把旅游形象宣传和产品推广有机结合起来，明确产品和服务改进方向。

（三）整合全域化的旅游资源，优化旅游产品供给系统结构

按照组织形式来看，旅游产品可以分为观光旅游、度假旅游以及特殊（专项）旅游产品。随着旅游业的发展，休闲度假旅游在整个旅游产品市场中的比例会逐步提高。武当山旅游业供给侧结构性改革就是要整合市域旅游资源，推动旅游业从观光旅游为主向度假旅游为主实现跨越式转变。在产品组织上，要注重增加游客参与和体验的内容，提高游客的体验价值。从大尺度区域层面看，武当山要沿福银高速和武西高铁主动融入西安—洛阳—郑州—开封历史人文旅游带；沿呼北高速、麻安高速向南融入重庆—宜昌—武汉自然风景旅游带；沿汉江由十堰经襄阳、随州至武汉，连接武当山、襄阳古城、黄鹤楼等著名历史景点；沿保神高速向南连接神农架、宜昌，构建湖北省"一江两山"黄金旅游区。从小尺度景区层面上看，武当山应依托丰富的生态资源和独特的道教文化资源，围绕"景城合一、山水一体"，大力加强度假、休闲、文化旅游产品开发。重点开发区域：一是

太极湖国家级旅游度假区，注重开发度假、休闲、养生旅游产品；二是丹江口水库水上旅游项目和环库风景航线；三是环丹江口库区生态旅游公路，一线串珠把散落库区的村镇有机地融为一体，因地制宜地开发特色乡村旅游；四是大力修复五龙宫、南神道、西神道，突出道教文化主题，丰富武当山旅游产品体系。

（四）构建联动化的产业集群，实现旅游产业与上下游产业兼容延伸

产业集群是指特定产业众多具有分工合作关系的不同规模等级的企业高度集中在一定地域空间范围的一种产业成长现象，是产业结构的调整和优化升级。旅游产业集群可以充分发挥武当山区域旅游竞争优势，降低分散性企业制度性交易成本，增强集群化企业的创新能力，形成持续性的协同效应，提高集群内产业的市场竞争能力、规模经济效益和范围经济效益，提高产业和企业的市场竞争力。经过多年发展，武当山旅游经济特区已经基本实现了景区与城市空间的初步融合和城市功能旅游化，具备了推进旅游产业集群化发展的基本条件。

一是构建集群化的产业平台。十堰市要根据区域经济结构性调整的要求，对武当山旅游经济特区、南水北调中线水源区加强规划创新，在旅游景区、旅游交通、特色民宿、特色村镇、旅游商品、教育培训等领域以合资、合作的形式组建跨行业、跨区域的企业集团，实现产业集群化，提高生产要素的配置效率，推动旅游业集约化发展，为全域旅游区的创新发展提供动力引擎。

二是优化旅游产业结构。首先要提升旅游景区功能，实现旅游功能换代升级。解决的思路有两种：一种是景区托管模式，通过引进成熟景区运营管理模式提高产品开发和经营管理水平；另一种是通过引入外来资本进行股份化改造，太极湖度假区、滨湖旅游开发、武当武术、休闲养生开发

项目等可以通过引入优质资源快速形成市场竞争力。其次，购物和娱乐是优化旅游产业链的重要环节。要加大地域文脉挖掘力度，围绕道教文化、武当古建筑、绿松石等地域资源加大旅游工艺品、农特产品的开发力度，对多年来着力很多却收效甚微的旅游购物环节，可以借鉴台湾地区旅游商品开发思路，授权委托专业化的公司开展旅游商品设计、制作、营销，通过推进旅游购物服务外包提升旅游经济效益。再次，开发参与性休闲娱乐项目，延长游客停留时间。在保留"梦幻武当"旅游演艺之外，以汉江、太极湖、沧浪海旅游码头为节点，开展环丹江口水库旅游观光和滨湖旅游项目。最后，适应自驾游、散客化、家庭化趋势，调整过去以星级饭店为主的发展方式，引导特色主题住宿建设，开发特色民宿和主题酒店。

三是优化旅游企业结构。可以借鉴北京、广东、陕西等省（市）成立旅游企业集团的成功经验，整合分散性企业，成立武当山旅游发展集团或旅游投资公司，提高旅游企业集中度。

四是促进封闭的旅游自循环向开放的"旅游+"融合发展方式转变。加大旅游与农业、林业、工业、商贸、金融、文化、体育、医药等产业的融合力度，形成综合新产能。

（五）制定协同化的发展战略，促进旅游成果全民共享

武当山旅游业供给侧结构性改革的关键举措是科学制定协同化的发展战略，准确把握旅游竞争态势，建设统筹化的区域旅游共同体。未来一段时期，武当山旅游经济特区应按照区域联动、资源共享、客源互动、互利互惠的原则，以交通干线为依托，形成梯次开发格局，具体建议是：省外向北主动融入西安、洛阳、开封人文旅游带，向南主动融入重庆、宜昌自然风光旅游带；省内构建武当山、神农架、宜昌长江三峡"一江两山"黄金旅游区；市内大力建设以武当山、太极湖为中心，以汉江经济带、丹江口库区为重要节点的国际旅游目的地；以上庸镇、樱桃沟村为代表的旅游

名镇名村为支撑的城郊休闲旅游目的地；以房县双野、五龙河等为代表的高山林区原生态旅游目的地。通过推动各地区、各节点之间的差异化和特色化发展，最终实现武当山旅游可持续发展。

五、建设全域旅游目的地的关键因素

通过分析武当山旅游目的地建设的实践，结合国家旅游发展政策走向和其他地区的实践和研究成果，可识别出全域旅游目的地建设的关键因素。

1. 转换发展视角，推进景城融合

全域旅游目的地建设关键在于转换经济发展视角，更加突出旅游发展统领区域发展的作用，从信息共享、资源整合、环境创设、氛围塑造、利益共生等方面着手，推进景区与城市深度融合。

2. 注重产业整合，加强城旅联动

全域旅游目的地建设要特别注重产业整合，结合当代旅游者追求绿色健康的生活方式的需求，以及散客化、自由行的出行方式，大力开发文化、生态旅游产品和商品。同时通过开发特色民居、特色餐饮等吸纳社区居民创业就业，优化旅游配套服务，美化环境，实现游客和居民共建共享基础设施和公共服务。

3. 创新开发模式，重视公共参与

全域旅游目的地建设要充分发挥政府主导作用，同时鼓励引导和吸引社会资本和专业旅游开发商参与，通过 PPP（Public Private Partnership）等创新模式，使得政府和企业利益共享和风险分担，保障政府、企业、游客、当地居民多方利益主体的利益。在开发中要切实维护当地居民利益，通过多方式、多途径、多层次引导当地居民参与旅游开发。

六、研究结论

全域旅游目的地建设涉及景城融合、产业布局、发展模式、智慧化建设、基础设施、环境创设、消费结构、城乡关系等多个方面。推进全域旅游目的地建设，要求各行业积极融入，居民共同参与，充分利用目的地全部的吸引物要素，为游客提供全过程、全时空的体验产品，从而全面满足游客的全方位体验需求。全域旅游发展的模式和驱动力是个动态的发展过程，必须一切从实际出发，因地制宜，切实结合各地产业条件、地域特色和资源赋选择合适的发展模式。

第二节　武当山旅游业供给侧结构性改革研究[①]

一、问题提出

武当山是世界文化遗产，道教第一名山，以神秘的道教文化、玄妙的武当武术、绝奇的古建筑、绮丽的自然风光闻名天下，蜚声中外。20世纪80年代初以来，武当山励精图治，主动把握市场，旅游接待规模每年以近20%的速度持续增长，旅游产业从无到有，取得了举世瞩目的成就，成功地实现了三次大的飞跃：一是成功申报世界文化遗产。1994年，武当山被列入世界文化遗产名录是武当山旅游业腾飞的起点，从此武当山旅游发展驶入快车道。二是理顺了行政建制和管理体制。改革开放以来，武当山经历了近10次行政建制调整和管理体制变更，2003年湖北省委省政府创造性地构建了"旅游经济特区"。武当山将旅游发展的落脚点从风景区经济提升到区域经济层面，实现了从山区小镇到旅游经济特区的历史性跨越。三

---

① 廖兆光.供给侧改革视域下武当山旅游业突破性发展研究[J].湖北文理学院学报，2018（2）.

是推进全域旅游区建设。以人文环境和旅游氛围为特色赋予武当山镇城市功能旅游化,突破传统景区的单一管辖范围,以旅游业统筹社会经济发展,旅游业的经济引擎功能、文化扩散作用、环境改善质量和社会协调效应日益显著,初步实现了景区与城市之间的有效融合。

根据近几年国家旅游局发布的统计数据,互联网尤其是移动互联网的快速发展,旅游者的旅游消费需求发生了显著变化,高度定制化的自由行取代标准化的团队游成为旅游者最主要的旅游方式,散客化取代跟团游导致旅游组织方式发生重大变革。游客旅游需求多样化、个性化和旅游行为由传统单一型观光游览向休闲娱乐度假多元复合型转变对旅游目的地产生着一系列持续影响:推动旅游产业结构转型升级、推动景区供给向旅游目的地供给转变、推动城市空间功能旅游化。着力加强供给侧结构性改革,是"十三五"时期我国经济发展的主旋律和风向标。在国家供给侧结构性改革的背景下,必须研究加强旅游领域供给侧结构性改革战略研究,提高旅游供给体系的质量和效率,提升旅游全要素生产率,实现武当山由景区供给为核心向旅游目的地供给为核心转变,将武当山旅游经济区打造成我国全域旅游示范区的典范。

二、武当山旅游业供给侧与需求侧结构性矛盾

根据武当山旅游经济特区公布的统计数据,2023年武当山接待中外旅游者760万人次,同比增长15%,实现旅游总收入43亿元,同比增长18%,接待境外游客19万人次,同比增长3.5%,实现创汇6000万美元,同比增长6%,占据鄂西圈旅游业半壁版图,是湖北省旅游业最发达的地区之一。然而,武当山旅游市场的持续高速增长并不能掩盖武当山旅游供给和需求之间的结构性矛盾。了解旅游者需求和期望、掌握客源市场特征对制定供给侧结构性改革战略至关重要。为获取丰富的第一手资料,笔者对武当山

的客源市场进行了专题调查。调查地点选择游客相对集中的游客中心、玉虚宫、太子坡、紫霄宫、南岩宫、金顶、琼台索道、太极湖码头。调查共发放问卷1262份，100%收回，其中有效问卷1137份。本次调查由汉江师范学院旅游管理专业28名在武当山导游服务中心实习的学生历时20天完成。调查结果表明，武当山旺盛的旅游市场需求与旅游有效供给不足之间的矛盾比较尖锐，主要表现在以下五个方面。

1. 旅游组织方式：传统团队组织方式不适应互联网时代旅游潮流

从旅游组织方式上看，团队旅游是在导游的带领下按照旅行社规定的路线完成旅游过程。散客是按照个性化需求自由选择交通方式、自行确定行程和自我定制旅游路线。调查显示，在出游方式上，武当山国内游客中团散比约为2∶8，散客中自驾游占35.33%，高铁动车占51.85%，海外游客中团队比例占80.12%。从组织方式来说，以旅行社为主体的团队旅游组织方式受到较大冲击，基本已经形成以平台经济和网络经济为主体的散客和代理旅游组织方式。

2. 旅游市场结构：旅游市场集中度高、地域空间分异明显

首先，从游客层次结构来看，年龄层次比较年轻，18～45岁的占82.32%；学历程度偏高，本科及以上学历的占50.84%；2500～4000元/月收入的占76.87%。调查显示，经济发达的欧美市场开发不足。国内市场以湖北、河南、陕西、广东、四川等周边省份为主，800千米范围内客源占80.04%，上海、江苏、山东、浙江等远程市场开发不足。调查发现，随着南水北调中线工程正式通水，北京、天津等受水区游客对水源区感知形象大幅度提高，游客数量增长迅速。

其次，从客源区域集聚度看，地域空间分异表现为对铁路枢纽干线和高速公路干线具有较强的依赖性。武当山已经形成航空、高铁、港口、高

速公路等多种交通方式有效衔接的立体化快速交通网络。武当山客源中沿京广高铁分布的占 60.25%，沿汉十高铁分布的占省内客源 65.61%，沿福银（汉十）高速公路线分布的占湖北省内客源的 80.65%和国内客源的 37.29%，沿十（堰）天（水）高速、麻（城）安（康）高速分布较少。调查发现，选择航空的游客数量较少，主要原因是武当山机场通航时间较短，航线航班较少。

3. 旅游产品结构：基本层次比重过大，发展层次和专项层次发展缓慢

从旅游产品结构来看，基本层次的观光旅游仍然占据主流，体验性、参与性强的文化、宗教、武术、娱乐和度假产品发展缓慢。总体而言，武当山仍然需要改变以观光旅游为主体的旅游产品供给体系，大力加强旅游产品开发，围绕"景城合一、山水一体"，着力延伸旅游产业链，优化观光、度假、休闲、文化旅游产品结构，形成以观光旅游、特种旅游、专题旅游、休闲和度假旅游为主体的旅游产品体系，有效匹配旅游市场需求。

4. 旅游产业结构：旅游产业六大环节有待进一步优化

一般而言，旅游经济效益主要体现在吃、住、行、游、购、娱六大旅游环节。其中，"吃、住、行"三个环节是旅游的基本消费环节，"游、购、娱"是消费弹性较高的环节。调查发现，客源中人均消费为 500～800 元以内的占 70.36%，35.62%的游客停留时间为 2 天，旅游购物花费 200 元以内的占 87.34%。旅游门票支出（含索道、景区换乘交通费）、旅游住宿、旅游餐饮支出是游客在武当山期间的主要消费支出，旅游娱乐、旅游购物支出较少。量化分析表明，武当山旅游产业结构不合理，基本消费比重过高，尤其高度依赖门票经济，旅游纪念品（工艺品）开发严重不足，尚未形成匹配大众旅游消费的品牌旅游纪念品（工艺品）。

5. 旅游要素结构：技术、服务、人力要素效益有待提高

从信息获取渠道看，游客更重视旅游预订平台和旅游信息服务平台，其次是口碑，同时注重多种信息渠道的互相印证和信息强化。调查发现，游客通过携程、同程、美团等预订平台和武当山旅游网获取武当山旅游资讯的占95.87%，从微信、微博等社交媒体处获得信息的占88.72%，从朋友或同事处获得武当山信息的占23.37%，具有双重信息渠道的占78.76%。调查表明，武当山在线旅游渗透率较高，通过网络购票的游客占73.64%，在线旅游仍拥有较大的发展空间。游客对武当山智慧旅游信息化水平、景区解说系统满意度较低，满意比例仅占11.68%；对游客中心、换乘中心等重点区域新技术普及，如电子门票、自助设备、移动设备、掌上武当APP等、"武当山智慧旅游"微信小程序评价较低，满意比例仅占38.25%。

三、武当山旅游供给侧结构性改革的创新策略

（一）建立多元化的协调机制，统筹旅游改革与发展

旅游供给侧结构性改革的总体要求是：区域旅游产业资源配置不断朝着整体化、系统化优化。通过供给侧结构性改革实现突破性发展，客观上要求以旅游市场为导向，找准供需错位的关键要素和薄弱环节，遵循市场经济规律，破除隐性壁垒，实现旅游产业要素的自由流动。旅游业的综合性决定旅游供给侧结构性改革需要顶层设计和统一协调，尤其需要行业联动、产业融合，要把旅游业供给侧结构性改革置于经济改革的全局之中，统筹旅游业改革与发展问题。必须指出，在现行条块分割行政管理体制下，武当山旅游经济特区旅游部门的统筹协调能力相当有限。因此，要建立政府、企业、景区之间多元化的协调机制，统筹旅游业供给侧结构性改革。

一是要建立政府间统筹机制，成立市级旅游发展委员会，由市政府主

管领导担任主任委员,设立旅游工作联席会议制度,成员包括旅游、工商、农业、林业、宗教、税务、财政、公安等部门,完善政策法规体系,研究解决旅游供给侧结构性改革中的配套政策和管理体制问题,其常设办公机构可设在武当山旅游经济经济特区管委会。

二是要建立旅游企业层面的协调机制,建议市饭店业协会、市旅行社协会等承担协调职能。通过扫除观念方面的障碍,建立行业监管体系,通过市场化调节机制,确立共赢和协同思维,实行战略协同和联盟,构建合理的产业结构和体系,提升整体竞争力和经济效益。

三是建立景区层面的协调机制,建议由武当山风景区牵头,以武当山为龙头,在宣传促销、市场推广等方面统一行动,塑造鲜明的旅游形象。这种多元化的协调机制,是武当山旅游业供给侧结构性改革的关键,是武当山旅游业走向整体性发展和结构性优化的保证。

(二)构建集群化的产业平台,优化旅游产业结构

产业集群是指特定产业众多具有分工合作关系的不同规模等级的企业高度集中在一定地域空间范围的一种产业成长现象,是产业结构的调整和优化升级。旅游产业集群可以充分发挥武当山区域旅游竞争优势,降低分散性企业制度性交易成本,增强集群化企业的创新能力,形成持续性的协同效应,提高集群内产业的市场竞争能力、规模经济效益和范围经济效益,提高产业和企业的市场竞争力。经过多年发展,武当山旅游经济特区已经基本实现了景区与城市空间的初步融合和城市功能旅游化,具备了推进旅游产业集群化发展的基本条件。

一是构建集群化的产业平台。十堰市要根据区域经济结构性调整的要求,对武当山旅游经济特区、南水北调中线水源区加强规划创新,在旅游景区、旅游交通、特色民宿、特色村镇、旅游商品、教育培训等领域以合资、合作的形式组建跨行业、跨区域的企业集团,实现产业集群化,提高

生产要素的配置效率，推动旅游业集约化发展，为全域旅游区的创新发展提供动力引擎。

二是优化旅游产业结构。首先要提升旅游景区功能，实现旅游功能换代升级。解决的思路有两种：一种是景区托管模式，通过引进成熟景区运营管理模式提高产品开发和经营管理水平；另一种是通过引入外来资本进行股份化改造，太极湖度假区、滨湖旅游开发、武当武术、休闲养生开发项目等可以通过引入优质资源快速形成市场竞争力。其次，购物和娱乐是优化旅游产业链的重要环节。要加大地域文脉挖掘力度，围绕道教文化、武当古建筑、绿松石等地域资源加大旅游工艺品、农特产品的开发力度，对多年来着力很多却收效甚微的旅游购物环节，可以借鉴台湾地区旅游商品开发思路，授权委托专业化的公司开展旅游商品设计、制作、营销，通过推进旅游购物服务外包提升旅游经济效益。再次，开发参与性休闲娱乐项目，延长游客停留时间。在保留"梦幻武当"旅游演艺之外，以汉江、太极湖、沧浪海旅游码头为节点，开展环丹江口水库旅游观光和滨湖旅游项目。最后，适应自驾游、散客化、家庭化趋势，调整过去以星级饭店为主的发展方式，引导特色主题住宿建设，开发特色民宿和主题酒店。

三是优化旅游企业结构。可以借鉴北京、广东、陕西等省（市）成立旅游企业集团的成功经验，整合分散性企业，成立武当山旅游发展集团或旅游投资公司，提高旅游企业集中度。

（三）整合全域化的旅游资源，优化旅游产品结构

按照组织形式来看，旅游产品可以分为观光旅游、度假旅游以及特殊（专项）旅游产品。随着旅游业的发展，休闲度假旅游在整个旅游产品市场中的比例会逐步提高。武当山旅游业供给侧结构性改革就是要整合市域旅游资源，推动旅游业从观光旅游为主向度假旅游为主实现跨越式转变。在产品组织上，要注重增加游客参与和体验的内容，提高游客的体验价值。

从大尺度区域层面看，武当山要沿福银高速和武西高铁主动融入西安—洛阳—郑州—开封历史人文旅游带；沿呼北高速、麻安高速向南融入重庆—宜昌—武汉自然风景旅游带；沿汉江由十堰经襄阳、随州至武汉，连接武当山、襄阳古城、黄鹤楼等著名历史景点；沿保神高速向南连接神农架、宜昌，构建湖北省"一江两山"黄金旅游区。从小尺度景区层面上看，武当山应依托丰富的生态资源和独特的道教文化资源，围绕"景城合一、山水一体"，大力加强度假、休闲、文化旅游产品开发。重点开发区域：一是太极湖国家级旅游度假区，注重开发度假、休闲、养生旅游产品；二是丹江口水库水上旅游项目和环库风景航线；三是环丹江口库区生态旅游公路，一线串珠把散落库区的村镇有机地融为一体，因地制宜地开发特色乡村旅游；四是大力修复五龙宫、南神道、西神道，突出道教文化主题，丰富武当山旅游产品体系。从产品战略来看，着力实施"旅游+"战略，即"旅游+道文化""旅游+武术""旅游+生态""旅游+养生""旅游+互联网"，通过推动跨界融合，不断创新和优化旅游产品结构。

（四）实施主题化的整合营销，构建合理市场结构

旅游市场结构是旅游供给侧结构性改革的依据和出发点。研究旅游区的市场开发时，首先必须依据其资源结构和游客旅游行为确定其市场结构和目标市场。调研量化数据表明：武当山必须在全面优化推进旅游产品体系的基础上，实施主题化的旅游目的地营销战略。一是要突出鲜明的道教文化特征，围绕"仙山寻道"开发旅游产品和开展主题营销，以武当武术开发为突破口，形成武当山鲜明的区域旅游形象。二是积极参加国内外大型旅游交易会和精心策划重点市场专项促销计划，依托南水北调工程巨大影响力，对北方受水区开展源头游促销。三是把旅游形象宣传和产品推广有机结合起来，借助互联网元素和旅游在线服务平台，提高市场营销成果的转化率。四是主动适应"互联网+旅游"，加强智慧旅游服务平台建设，

与携程、美团、途牛、驴妈妈、淘宝旅行等旅游电子商务平台合作建设区域旅游信息资源库，通过官方微博、微信公众号等新媒体对目标市场进行精准推送。

（五）激活联动化的运作要素，提高全要素生产率

武当山要激活更高层面、更大范围的旅游生产要素,提高技术、服务、环境等生产要素生产率，需要做许多技术性的工作。一是以武当山旅游经济特区管委会为主成立高层次的旅游合作领导小组，合作领域主要包括战略协同、旅游规划、产品开发、市场推广、配套政策、旅游培训等方面；二是政府主导推进区域旅游一体化，建设"无障碍旅游区"。可以从以下四个方面推进：第一，避免全面开发到处建设景点，从客源市场特征如团散比、出行方式、年龄结构等来看，要更加关注景区智慧化建设，围绕"互联网+"建设适应自助旅游的公共服务体系，实现从单一景点景区建设管理向综合目的地统筹发展转变。第二，以旅游业引导武当山城区建设，以景城融合为目标，按景区标准全面规划建设，整体优化环境，优美景观，推进全域景区化；第三，进一步完善景区和城区交通网络，依靠完善的交通体系，实现各具特色的主体功能区无障碍连接。第四，创新旅游发展共建共享机制，鼓励引导和吸引社会资本和专业旅游开发商参与，通过 PPP 等创新模式，使得政府和企业利益共享和风险分担，保障政府、企业、游客、当地居民多方利益主体的利益。在开发中要切实维护当地居民利益，通过建设特色民宿、安置就业等多种方式、多途径、多层次引导当地居民参与旅游开发。三是鼓励旅游企业兼并联合，以资本为纽带，通过强强联合、优势互补,提高市场竞争力。四是积极推动旅游领域运用新技术，促进各种生产要素自流流通。五是与高等旅游院校合作，提高从业人员技能和素质，提升人力资本效益，优化要素结构。

（六）制定协同化的发展战略，建设统筹化的区域旅游共同体

武当山旅游业供给侧结构性改革的关键举措是科学制定协同化的发展战略，准确把握旅游竞争态势，建设统筹化的区域旅游共同体。未来一段时期，武当山旅游经济特区应按照区域联动、资源共享、客源互动、互利互惠的原则，以交通干线为依托，形成梯次开发格局，具体建议是：省外向北主动融入西安、洛阳、开封人文旅游带，向南主动融入重庆、宜昌自然风光旅游带；省内构建武当山、神农架、宜昌长江三峡"一江两山"黄金旅游区；市内大力建设以武当山、太极湖为中心，以汉江经济带、丹江口库区为重要节点的国际旅游目的地；以上庸镇、樱桃沟村为代表的旅游名镇名村为支撑的城郊休闲旅游目的地；以房县双野、五龙河等为代表的高山林区原生态旅游目的地。通过推动各地区、各节点之间的差异化和特色化发展，最终实现武当山旅游可持续发展。

第三节　武当山乡村振兴与全域旅游协同发展研究[①]

党的十九大明确提出了乡村振兴战略。2021年3月11日，第十三届全国人民代表大会第四次会议表决通过了《中华人民共和国国民经济和社会发展第十四个五年规划和2035年远景目标纲要》（以下简称《"十四五"规划》）。承载国家意志的《"十四五"规划》第七篇"坚持农业农村优先发展　全面推进乡村振兴"第二十六章提出"实现巩固拓展脱贫攻坚成果同乡村振兴有效衔接"。2021年12月22日，国务院发布了《"十四五"旅游业发展规划》，指出"旅游成为打赢脱贫攻坚战和助力乡村振兴的重要生力军。各地区在推进脱贫攻坚中，普遍依托红色文化资源和绿色生态资源大力发展乡村旅游，进一步夯实了乡村振兴的基础"。至此，乡村振兴战略和全域

---

① 2022年9月5日，笔者在武当山旅游经济特区党组织书记培训班上的演讲报告。

旅游正式成为部门推进、地方落实、各方期待的国家战略，其理论内涵、建设方略和样本示范自然就会引起旅游系统和社会各界的高度关注。

一、发展目标：乡村振兴和全域旅游协同推进

（一）协同发展的历史演进

乡村振兴和全域旅游都是我国当前重要的国家战略。乡村振兴战略是为了解决"三农"问题而提出的顶层设计，总体内容是"按照产业兴旺、生态宜居、乡风文明、治理有效、生活富裕的总体要求，加快推进农业农村现代化"。乡村振兴是以产业为驱动、以人口流动与集聚为依托，目的是推动乡村经济、社会和环境的全面提升。

全域旅游是为了实现区域资源有机整合、产业融合发展、社会共建共享，以旅游业带动和促进经济社会协调发展的一种新的区域协调发展理念和模式。乡村是全域旅游发展的重要区域，其建设水平又直接影响全域旅游的发展效果。全域旅游的发展能有效推进乡村旅游和休闲农业开发，带动农村农副产品加工、商贸物流、交通运输、餐饮酒店等行业联动发展，促使村民实现就地、就近就业，就地市民化，而这些正是乡村振兴的实现路径之一。

乡村振兴战略是新时代做好"三农"工作的总抓手。旅游业作为幸福产业承担着新时代满足人民日益增长的美好生活需要的重任，全域旅游则是落实美好生活的重要抓手。全域旅游让政府和社会各界更多关注乡村的发展，赋予乡村在旅游发展过程中结合自身优势得以发展的机会。

二者在实施过程中相辅相成，在内容和实施主体上交叉重叠。因此，从协同角度厘清二者间内在联系，探讨其协同路径，能为部门分工和管理提供指导，优化资源配置，对于全面助推乡村振兴、大力发展全域旅游至关重要。

（二）协同发展的时代转型

乡村振兴和全域旅游二者虽然是从不同的出发点制定的政策，但是政策出台的时间接近，都是对我国社会主要矛盾变化的应对，在实践和理论中显示出紧密的关联。各地实践表明，全域旅游是达成乡村振兴目标的有效途径和重要手段，乡村振兴可为全域旅游提供制度设计与组织保障。

目前的研究和实践证明了乡村振兴与全域旅游能够相互促进、协同发展，也提出了很多协同发展的举措，但更多的是强调二者的一致性，很少涉及二者的差别，缺乏对二者之间本质关系全面深入的分析。乡村振兴和全域旅游都是各自独立的复杂系统，想要做好协同推进，首先需要从本质特征上拆解二者的关联。基于此，笔者从相同性和互补性两方面，阐述乡村振兴和全域旅游协同推进的动因，为二者深层次的协同发展提供理论支撑。

1. 乡村振兴和全域旅游的相同点

（1）作用对象都有乡村。

乡村振兴直接的作用对象就是乡村，而且"乡村"并不只是地理位置上的概念，而是包含了"农业、农村、农民"多个要素的全面的"乡村"。且乡村振兴也并非只是盯着乡村，而是推动城乡要素自由流动、平等交换，促进更多资源进入农村，合理引导农村劳动力等生产要素进入城市，最终形成共同繁荣的新型城乡关系。乡村振兴战略中的城乡概念是一体的、联动的，这与全域旅游的视野也有一定的类似性。

全域旅游直接的作用对象在地理范围上更大，包括一定区域范围内的全部城市和乡村。特别是在当前，具有多元经济特征的 2.0 版的休闲度假旅游，逐步替代了只有门票经济的 1.0 版的观光旅游，乡村成为传统景点之外的开发对象。而城市和传统景区的建设发展一般已经较为完善，相比之下，乡村旅游既是薄弱点也是更有潜力的增长点，因此，乡村就成为全域旅游主要的作用对象。但是，全域旅游更侧重旅游目的地的功能，一个旅游目的地是由游览区、服务区、旅游交通、旅游背景环境等要素构成。因此，全域旅游的作用对象不包含所有乡村，也不一定包括村域的全部范围，更不包含村庄的全部方面，从内涵上来说没有乡村振兴的"乡村"丰富，在作用深度上也小于乡村振兴。

（2）产业发展目标都有旅游。

实现乡村振兴（产业振兴、人才振兴、文化振兴、生态振兴、组织振兴，推进城乡融合发展等），最根本的是产业兴旺。从乡村的三大产业来看，第一产业是基础，但附加值低，第二产业难以形成规模，且容易对生态环境造成污染。因此，想要实现农村产业升级，应促进农业与二、三产业的融合发展，特别是与文化旅游产业的深度融合。城乡要素（资金、人才、技术、信息等）的自由流动，第三产业是最为便捷的突破口。在现代旅游体系中，城市和乡村相互吸引，城市是主要的客源地，城市人口具有强大的休闲、旅游、度假等消费需求。另一方面，"绿水青山就是金山银山"的理念得到了广泛的认同，具有独特的文化和环境特征的乡村成为富有吸引力的旅游资源，成为产业发展的重要切入点。旅游业由于其先天融合性强的优势，成为乡村振兴最有效的途径之一。

2. 乡村振兴和全域旅游的互补性

乡村是一种与城市完全不同的聚落形式。第一，乡村空间具有双重性，不仅是为城市旅游人群提供服务和消费的场所，也是农业生产、生活和生态空间。第二，长久以来，乡村重视血缘和地缘关系，有着自治传统，哪怕是被城镇化深刻影响的现在，乡村的主体都是村民。

两个战略在对待乡村这个作用对象的时候，出发点不同，处理方式也有差别，分别具有各自的优势和缺陷。乡村的本质特点决定了两大战略各自存在短板，且一方的短板正好是另一方的长处，二者之间具有互补的关系。乡村振兴和全域旅游从不同的出发点向外延伸，二者协同推进，有助于实现乡村全方位的发展提升。

（1）全域旅游需要乡村振兴的框架去制约。

从乡村振兴的角度看待乡村，视角会更为全面，也更关注村民的利益和诉求；而从全域旅游的角度看待乡村，更多地关注其作为提供服务和消费的场所这一属性，把乡村当成旅游目的地，忽略农民的主体地位，这是全域旅游的短板。

站在全域旅游的角度发展乡村旅游的过程中，出现了对乡村物质空间和社会治理两方面的负面影响。第一，在物质空间方面，存在对乡村旅游资源的过度开发，特别是对生态环境的破坏，如在生态红线内建造民宿、酒店等商业性行为；对基本农田保护和粮食安全的关注不够，将基本农田改造成观赏性的花海等。第二，在社会治理方面，社会资本主导的乡村旅游的发展，往往不能保证农民利益（旅游收益外溢），难以解决农村深层次的社会问题，甚至会加剧村民之间、村民与村集体之间的矛盾。这些问题都需要乡村振兴这一更全面的框架去制约。

相对于全域旅游的常规方法，乡村振兴工作的优势主要体现在以下几点：第一，提供良好的人居环境，包括生态基底、村庄格局、古建保护等方面。第二，提供基础设施和最基本的公共服务设施建设。第三，提供制度保证，促进政府各个部门的联动及专项的资金支持。第四，关注农民诉求和利益，提供村庄建设发展的内生动力。

（2）乡村振兴需要全域旅游的思路去提升。

对乡村振兴工作来说，虽然已经认识到发展乡村旅游是一种有效路径，但认知惯性导致把乡村看成是与城市相对应的生产、生活、生态空间，把乡村当成外地人的旅游目的地。这就导致对乡村的旅游价值认识不足，更不知道如何把乡村的资源转化成旅游产品进行开发利用，这是当前乡村振兴中的问题和短板。

主要表现：第一，一些地方虽然存留有传统民居，却不了解这些历史遗存的文化价值和旅游价值，盲目拆旧建新，造成了对村落肌理和文脉的破坏。第二，一些地方的乡村基础薄弱，发展旅游缺乏明确的导向和突破口，在财力有限的情况下，面面俱到的美好愿景难以落地，村庄风貌提升非常有限。第三，还有一些地方一哄而上搞旅游，重复开发，出现了农家乐品质低端、旅游项目缺乏特色、经济收益不高等问题。这些问题都需要用全域旅游的思路去协调。全域旅游具有整体性的思维，能提前评估乡村发展旅游的潜力及乡村旅游的定位，避免盲目发展，同时，通过加强区域交通联系，串联各个旅游目的地，也可以提升单个村庄的旅游吸引力。

相对于乡村振兴的常规方法，全域旅游的强项主要体现在以下几点：第一，对旅游资源进行整体评价，统筹布局，避免盲目和重复开发。第二，打破景区内外两重天的局面，促进封闭景点和村庄联动建设发展。第三，对乡村资源转化成高质量的产品具有指导意义，促进各个产业发展。第四，吸引社会资本投入乡村地区，促进物质要素的城乡流动。第五，全域旅游的一些硬性评价标准客观上能够起到示范引领作用，提升乡村建设的水平，如旅游区厕所、停车场的标准等。

需要注意的是，乡村振兴战略适用于所有的乡村地区，但全域旅游并不是。要正确认识和理解全域旅游，评估是否具备创建条件，这也是乡村振兴和全域旅游协同推进的前提。发展乡村旅游虽然见效快，附加值高，但也不是凭空而起，必须依赖自身或周边已有的资源条件。在旅游资源相对丰富的地方，才有跟乡村振兴协同推进的条件；而在整体旅游资源比较少或旅游价值不高的地方，全域旅游推进的难度比较大，投资与收益不成比例，应该选取其他更为适合的乡村振兴路径。

二、推进方略：乡村振兴战略实施和全域旅游发展协同路径

（一）相关文件解读

1. 乡村振兴文件解读

乡村振兴在党的十九大报告中一经提出就受到各界热议，相关文件也

相继出台，其中以2018年《中共中央 国务院关于实施乡村振兴战略的意见》、2019年《国务院关于促进乡村产业振兴的指导意见》以及中共中央 国务院印发的《乡村振兴战略规划（2018—2022年）》和2025年中共中央 国务院印发的《乡村全面振兴规划（2024—2027年）》权威性和指导性最强。

解读以上文件可知，乡村振兴战略实施中旅游工作不可或缺，具体表现为：第一，《中共中央 国务院关于实施乡村振兴战略的意见》文件中"旅游"出现6次，明确提出要在农村实施乡村旅游精品工程、创建特色生态旅游示范村、打造特色农旅融合产品体系等。第二，《国务院关于促进乡村产业振兴的指导意见》文件中"旅游"出现7次，其中乡村六大培育产业中两项与旅游相关，此外农业与文化、旅游、康养等产业融合也是乡村振兴发展要点。第三，《乡村振兴战略规划（2018—2022年）》文件中"旅游"出现6次，就乡村旅游资源开发、保护，农旅融合产品体系开发等做出明确说明和规划。第四，《乡村全面振兴规划（2024—2027年）》文件中"旅游"出现3处，就乡村休闲旅游在构建现代乡村产业体系、深化农村一二三产业融合发展、增强乡村文化影响力三个方面提出明确要求，提高乡村旅游质量效益。文件中涉及旅游的具体工作见表8-3。

表8-3 乡村振兴文件中的旅游工作安排

序号	文件（方案）名称	乡村振兴中涉及旅游相关工作安排
1	《中共中央 国务院关于实施乡村振兴战略的意见》（2018年1月2日）	1. 实施乡村旅游精品工程，建设一批休闲观光园区……乡村民宿、特色小镇
		2. 创建一批特色生态旅游示范村镇，打造乡村生态旅游产业链
		3. 预留部分规划建设用地指标用于单独选址的农业设施和休闲旅游设施等建设

续表

序号	文件（方案）名称	乡村振兴中涉及旅游相关工作安排
2	《国务院关于促进乡村产业振兴的指导意见》（2019年6月17日）	4. 充分挖掘农村各类非物质文化遗产资源，促进乡村特色文化产业发展
		5. 实施休闲农业和乡村旅游精品工程，培育一批美丽休闲乡村、乡村旅游重点村
		6. 推进农业与文化、旅游、康养等产业融合，发展创意农业、功能农业等
3	《乡村振兴战略规划（2018—2022年）》（2018年9月26日）	7. 历史文化名村、传统村落、少数民族特色村寨、特色景观旅游名村等自然历史文化特色资源丰富的村庄，发展乡村旅游
		8. 实施休闲农业和乡村旅游精品工程，发展乡村共享经济，推动旅游元素融入农业
		9. 大力发展生态旅游等产业，打造乡村生态产业链，利用1%～3%治理面积从事旅游、康养、体育、设施农业等产业开发
		10. 推动乡村文化、旅游与其他产业深度融合
4	《乡村全面振兴规划（2024—2027年）》（2025年1月22日）	11. 培育现代乡村产业，做好"土特产"文章，发展乡村种养业、加工流通业、休闲旅游业、乡村服务业
		12. 深化农村一二三产业融合发展，有序发展农事体验等新业态，探索现代农业、休闲旅游、田园社区融合发展方式
		13. 培育壮大乡村文化产业，实施文化产业赋能乡村振兴计划、乡村文旅深度融合工程，提升乡村旅游质量效益，加快数字赋能乡村文化产业

2. 全域旅游文件解读

"全域旅游"自2017年3月第十二届全国人民代表大会第五次会议上一经提出，即广受重视，政策和文件相继出台，具体有《全域旅游示范区创建工作导则》《国家全域旅游示范区验收、认定和管理实施办法（试行）》《国家全域旅游示范区验收标准（试行）》《国家全域旅游示范区验收工作手册》《国务院办公厅关于促进全域旅游发展的指导意见》等文件。

解读以上文件可知，全域旅游发展中，涉及乡村振兴内容颇多，具体表现为：第一，《全域旅游示范区创建工作导则》中涉及乡村振兴工作安排9处，主要包括乡村基础和服务设施建设、农旅融合产品开发、乡村旅游环境整治、乡村旅游富农等；第二，《国务院办公厅关于促进全域旅游发展的指导意见》中涉及乡村振兴内容4处，主要包括乡村旅游开发建设、乡村生态环境整治、乡村旅游富农、农旅融合新业态打造等；第三，《国家全域旅游示范区验收、认定和管理实施办法（试行）》中验收标准161项1200分，其中涉及乡村振兴项目16项129分，分别占12%和11%。文件中涉及乡村振兴的具体工作见表8-4和表8-5。

表8-4 全域旅游中乡村振兴工作安排

序号	文件（方案）名称	全域旅游发展中涉及乡村振兴工作安排
1	《全域旅游示范区创建工作导则》（旅发〔2017〕79号）	1. 推进乡村旅游点、农家乐厕所整体改造，乡村旅游点的厕所要实现数量充足
		2. 提高乡村旅游道路的建设等级
		3. 突出中国元素、体现区域风格，建设美丽乡村
		4. 大力发展观光农业、休闲农业和现代农业庄园，鼓励发展田园艺术景观、阳台农艺等创意农业和具备旅游功能的定制农业、会展农业等
		5. 丰富品牌旅游产业，发展旅游民宿等新型住宿业态
		6. 加强对传统村落、历史文化和民族文化等保护，保持传统村镇原有肌理和建筑要素
		7. 在重点旅游村镇实行"三改一整"和垃圾污水无害化、生态化处理，全面优化旅游环境
		8. 重视发展乡村创业型的个体私营旅游经济和家庭手工业
		9. 大力推进旅游扶贫和旅游富民，通过整合旅游资源增加村集体收入和农民人均收入，以景区带村，建立农副土特产品销售区和乡村旅游后备基地

续表

序号	文件（方案）名称	全域旅游发展中涉及乡村振兴工作安排
2	《国务院办公厅关于促进全域旅游发展的指导意见》（国办发〔2018〕15号）	10. 建设美丽宜居村庄。依托历史文化名城名镇名村、传统村落，探索全域旅游发展模式
		11. 大力发展观光农业、休闲农业等新型农业业态，打造一二三产业融合发展的美丽休闲乡村
		12. 推进全域环境治理，在村边开展净化、绿化、美化行动，在重点旅游村镇实行"三改一整"和垃圾污水无害化、生态化处理
		13. 大力实施乡村旅游扶贫富民工程，健全完善"景区带村、能人带户"模式，实现旅游精准扶贫

表8-5 全域旅游评价体系中涉及乡村振兴工作安排

序号	项目编号	项目内容	分值
1	2.6.3	开展校企联合或建立培训基地轮训乡村旅游骨干	7
2	3.4.2	中心城市（镇）抵达乡村旅游点道路须达到等级公路标准	12
3	3.6.3	中心城区（镇）到重要乡村旅游点须开通城乡班车	4
4	3.8.2	乡村旅游点显著处须设置咨询服务点，并保持有效运营	9
5	3.10.2.1	乡村旅游点或民宿须提供在线预订、网上支付等服务	4
6	4.1.2.3	有自然环境优关、接待设施配套、资源有机整合的乡村旅游集聚带（区）	6
7	4.1.2.4	有田园综合体、田园艺术景观等多种业态的乡村旅游产品体系	6
8	4.1.2.6	有美丽乡村、中国历史文化名村、中国传统村落、旅游名镇名村等称号	4
9	4.3.4	有星级旅游民宿或非标住宿业态等	10
10	5.1.1	制定符合本地实际的乡村旅游服务地方标准或规范	4
11	6.2.2	农村建筑富有地方特点和乡土特色	5

续表

序号	项目编号	项目内容	分值
12	6.2.3	对历史文化名镇名村、中国传统村落等有针对性保护措施和方案	5
13	6.3.1	旅游村镇周边实现洁化绿化美化	8
14	6.3.2	乡村旅游接待户全面实现"三改一整"	4
15	6.3.3	村内实现污水处理全覆盖	4
16	6.3.4	村内实现垃圾分类回收、转运和无害化处理全覆盖	4
17	6.4.4	村内通过旅游就业脱贫占地方脱贫人数较高，旅游富民成效显著	20
18	6.4.5	村内旅游扶贫方式多样，资产收益分配灵活，有效促进脱贫、就业和增收致富	5
19	8.7.1	乡村旅游扶贫经验得到全国或省级层面认可	8
20		合　计	129

（二）协同路径研究

1. 协同模型构建

整理分析上述文件，乡村振兴战略实施过程中涉及全域旅游任务可凝练为七点，包括"构建农旅融合体系、丰富农旅产品供给、推动旅游富农增收、深化旅游用地改革、发展特色农旅产品、优化乡村休闲体系、保护特色乡村景观"；全域旅游发展中涉及乡村振兴任务同样可归纳为七点，包括"乡村旅游基础设施建设、乡村旅游服务设施建设、乡村旅游产品供给建设、乡村旅游环境整治优化、乡村旅游景观资源保护、乡村旅游富农工程、乡村旅游对外营销推广"。根据任务要求，结合政府机关现有部门设置和机构职能安排，构建完成"乡村振兴战略实施与全域旅游发展"协同模型，见图8-2。

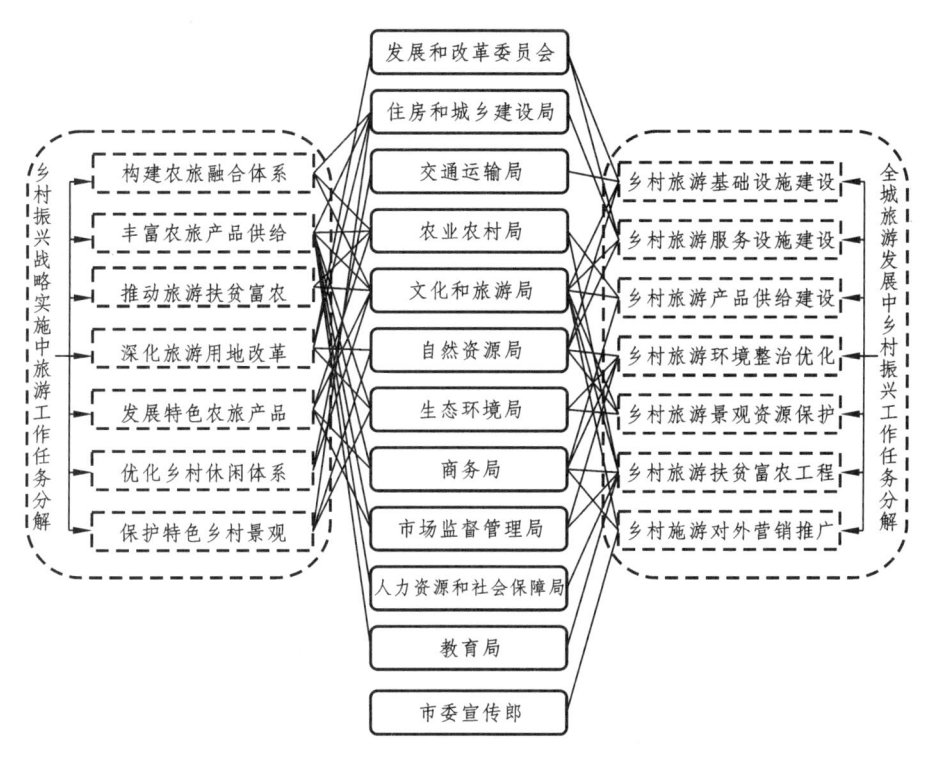

第八章 武当山全域旅游发展专题研究

图 8-2 乡村振兴战略实施与全域旅游发展协同模型

2. 协同模型分析

结合图 8-2 协同模型，从部门视角分析乡村振兴和全域旅游发展协同任务。分析可知，文化和旅游局承担协同任务最多，为 11 项；其次为农业农村局、自然资源局和商务局，均承担协同任务 6 项；随后是住房和城乡建设局承担协同任务 5 项；接着是生态环境局和市场监督管理局承担协同任务 4 项；其后是发展和改革委员会承担协同任务 3 项；交通运输局、人力资源和社会保障局、教育局等部门承担协同任务均为 2 项；宣传部承担任务 1 项。具体任务协同情况见表 8-6。

表 8-6 各部门乡村振兴与全域旅游任务协同表

部门	乡村振兴战略实施中全域旅游工作	全域旅游发展中乡村振兴实施工作	协同任务数
文化和旅游局	任务①、任务②、任务③、任务⑤、任务⑥	任务a、任务b、任务c、任务e、任务f、任务g	11
农业农村局	任务①、任务②、任务③、任务⑤	任务c、任务f	6
自然资源局	任务④、任务⑦	任务a、任务b、任务d、任务e	6
商务局	任务②、任务⑤	任务c、任务d、任务f、任务g	6
住房和城乡建设局	任务①、任务②、任务④、任务⑦	任务b	5
生态环境局	任务④、任务⑦	任务d、任务e	4
市场监督管理局	任务②、任务⑤	任务d、任务f	4
发展和改革委员会	任务④	任务a、任务b	3
交通运输局	任务⑥	任务a	2
人力资源和社会保障局	任务②	任务f	2
教育局	任务②	任务f	2
宣传部	—	任务g	1

注：任务①至任务⑦分别表示构建农旅融合体系、丰富农旅产品供给、推动旅游富农增收、深化旅游用地改革、发展特色农旅产品、优化乡村休闲体系、保护特色乡村景观。任务a至任务g分别表示乡村旅游基础设施建设、乡村旅游服务设施建设、乡村旅游产品供给建设、乡村旅游环境整治优化、乡村旅游景观资源保护、乡村旅游富农工程、乡村旅游对外营销推广。

3. 协同路径分析

根据表 8-6 内容，结合乡村振兴战略实施和全域旅游发展相关文件，从政府部门管理视角对两项工作协同路径进行研究，除宣传部仅承担全域旅游发展中关于乡村振兴的宣传工作外，其余十一个部门两类工作均有涉及，具体协同路径如下：文化和旅游局承担协同任务11项，包括乡村振兴中全域旅游工作5项（任务①、任务②、任务③、任务⑤、任务⑥），全域旅游发展中乡村振兴工作6项（任务a、任务b、任务c、任务e、任务f、任务g），分析相关文件对各任务的具体要求，部门协同工作思路如下：第一，乡村旅游资源保护与开发并行，在保护乡村独特的自然、人文景观的同时，将其作为旅游资源加以开发，丰富地方特色旅游产品供给；第二，乡村休闲体系建设与农村人居环境整治结合，在进行农村"四化四改"（街道硬化、村庄绿化、环境净化、路灯亮灯；改水、改厨、改圈、改厕）等基础设施建设时同步提升乡村服务设施，并加入地方文化元素，优化乡村休闲体系；第三，推动农旅融合产品开发，并以富农增收为主要目的，制定乡村旅游开发策略。

农业农村局承担协同任务6项，包括乡村振兴中全域旅游工作4项（任务①、任务②、任务③、任务⑤），全域旅游发展中乡村振兴工作2项（任务c、任务f），结合相关文件具体要求，部门协同工作思路如下：第一，统筹乡村振兴中财力、物力和人力向乡村旅游事务靠拢，通过乡村旅游发展推动地方富裕；第二，加大旅游帮扶力度，包括资金使用、政策制定等；第三，推动特色农产品生产与旅游商品开发相结合，提高农产品价值，提升品牌知名度；第四，实施乡村文旅深度融合工程，提升乡村旅游质量效益。

自然资源局承担协同任务6项，包括乡村振兴中全域旅游工作2项（任务④、任务⑦），全域旅游发展中乡村振兴工作4项（任务a、任务b、任务d、任务e），结合相关文件具体要求，部门协同工作思路如下：第一，加快农村用地改革，放宽旅游基础设施和服务设施建设用地审批政策、精简审批手续；第二，乡村自然资源和原真环境作为旅游资源进行开发时，在其特色景观保护的基础上，给予足够的政策支持和空间。

商务局承担协同任务 6 项，包括乡村振兴中全域旅游工作 2 项（任务②、任务⑤），全域旅游发展中乡村振兴工作 4 项（任务 c、任务 d、任务 f、任务 g），结合相关文件具体要求，部门协同工作思路如下：第一，加大农村特色产品旅游商业开发行为；第二，加强农村旅游商业行为环境治理；第三，加大农村旅游商业行为对外推广力度。

住房和城乡建设局承担协同任务 5 项，包括乡村振兴中全域旅游工作 4 项（任务①、任务②、任务④、任务⑦），全域旅游发展中乡村振兴工作 1 项（任务 b），结合相关文件具体要求，部门协同工作思路如下：第一，简化乡村旅游服务设施建设审批手续，加大政策支持力度；第二，结合农村地方文化建设旅游服务设施，并将其作为旅游休闲产品打造；第三，保护乡村现有建筑风貌和乡村肌理，并作为旅游产品进行开发。

生态环境局（任务④、任务⑦；任务 d、任务 e），市场监督管理局（任务②、任务⑤；任务 d、任务 f）均承担协同任务 4 项，结合相关文件具体要求，生态环境局协同工作思路如下：第一，在保护乡村自然生态环境的同时保护依托其形成的特色乡村景观；第二，利用乡村土地改革制度契机，治理乡村旅游自然生态环境。市场监督管理局协同工作思路如下：第一，积极推动农旅产品供给体系建设的同时优化和整治经营环境；第二，积极引导、助推特色农旅产品开发，实现旅游帮扶。

发展和改革委员会承担协同任务 3 项，包括乡村振兴中全域旅游工作 1 项（任务④），全域旅游发展中乡村振兴工作 2 项（任务 a、任务 b），结合相关文件具体要求，部门协同工作思路如下：第一，利用农村土地制度改革契机，简化旅游基础设施建设审批手续；第二，利用农村土地制度改革契机，简化旅游服务设施建设审批手续。

交通运输局（任务⑥；任务 a）、人力资源和社会保障局（任务②；任务 f）、教育局（任务②；任务 f）等部门均承担协同任务 2 项，结合相关文件具体要求，交通运输局协同工作思路包括：第一，加快外部入村道路建设，同时完成乡村内部景观道路、游步道等建设；第二，以旅游开发视角完善道路配套设施建设，包括乡村特色导览牌、路灯、停车场等，优化乡村休闲体系。人力资源和社会保障局协同工作思路包括：第一，保障乡村旅游发展的人才供给，通过引进、培育等方式满足乡村旅游人才需求；第二，组织专家考察指导，丰富乡村旅游产品供给体系。教育局协同工作思路包括：第一，组织相关专业教师和技术人员参与乡村旅游的指导和培训；第二，组织教师对乡村旅游研学产品设计和实施，丰富乡村旅游产品供给。

三、武当样本：乡村振兴和全域旅游协同推进对策建议

（一）组织协同：加强党的领导，实现部门行为向党政统筹推进转变

乡村振兴的责任主体是地方政府，全域旅游的工作主体也是地方政府。乡村振兴政策性强，全域旅游综合性强，乡村振兴和全域旅游协同推进的任务重、交叉事项多，刚性约束多。要加强党对农村工作的领导，加强党对全域旅游工作的主导，坚决破除条块分割的部门思维，加强党政统筹推进，通过统一思想、提高认识、凝聚共识，一体化推进乡村振兴和全域旅游发展。

一是坚持用协同思维统领工作。坚持用协同思维统领与谋划好有关工作。具体来说，主动对标乡村振兴战略的目标要求，从产业、生态、社会、文化、人才等方面着手，坚持整体推进。在战略方面，党委政府牵头，统筹各方资源。在具体工作实施方面，各个部门要主动将旅游业融入每一项具体工作之中，促进"+旅游"成为各部门自觉行动方略。要探索跨部门、跨层级的协同作战，构建了一整套协同治理工作体系。

二是加强宏观顶层设计,以全域旅游规划引领编制乡村振兴战略规划。全域旅游规划和乡村振兴规划要与国土空间规划确定的生态保护红线、城镇建设边界、文物保护底线和基本农田保护线相适应。全域旅游规划要把"全域资源、全面布局、全境打造、全民参与"的理念贯穿经济社会发展的各行业、各方面、各领域,以全域旅游理念为引领,融入"全资源"整合、"全产业"融合、"全方位"服务、"全社会"参与、"全流程"保障的发展模式,编制乡村振兴战略规划,分类实施、分步推进。政府在政策调控上可以分三步做:首先,制定宏观性顶层设计,全局规划全域旅游发展基本目标和方向;其次,细化各产业融合方式、居民参与方式等具体项目规划;最后,建立监督机制,以确保全域旅游高效科学地发展。

三是完善全过程绩效管理机制,保障乡村振兴与全域旅游协同发展质量。参考《全域旅游示范区创建工作导则》《国家全域旅游示范区验收标准(试行)》《国家全域旅游示范区验收工作手册》等国家标准、考核指标和工作指引,结合乡村振兴指标体系,从乡村产业发展、基础设施等公共服务供给改善、社会秩序有效治理、生态环境维护以及城乡融合发展等相关领域合理设计绩效考核指标体系,尤其是要关注领导干部的责任担当的行为考察,转变传统阶段性绩效评估为现代全过程绩效管理,完善乡村振兴与全域旅游协同推进工作的层级报告制度,强化乡村振兴与全域旅游协同推进的信息共享、功能协同和责任倒逼等效用发挥,保障乡村振兴和全域旅游协同发展质量。

(二)产业协同:系统规划,加快乡村产业转型升级

一是坚持产业规划引领。以"两山"理念为引领,树立农旅大产业、大品牌、大市场的发展思想,把农旅融合发展作为重要的发展方向进行规划布局,联动、错位、差异发展,形成产业优势和区域优势。二是注重产

业集聚。突出区域特色、产业特色、文化特色，培育塑造叫得响、吸引力强的区域农旅融合产业集聚区品牌。持续推进乡村旅游产业集聚区特色民宿的"控量提质"，提升转型发展的质量。三是推进产业链建设。促进乡村振兴，要将农旅融合作为促进产业融合的重要抓手，注重产业链的延伸，构筑农旅融合发展为引领的复合型产业链条，形成"吃、住、行、游、购、娱"等农旅融合要素相互促进、共同发展的产业链条，拉动综合消费，提升乡村旅游的综合效益。

（三）载体协同：引导多元机制发展，激发乡村发展活力

一是加快品质农旅融合项目引推。充分利用闲置的乡村旅游资源，在不新增建设用地的前提下，以市场需求为导向，有针对性地招引中高端农旅融合项目，不断提升中高端乡村旅游产品的占比。二是培育特色民宿。严格准入条件与标准，引导特色差异化发展，加快精致民宿项目建设，着力打造一批精品乡村民宿（农家客栈）示范标杆和国家级、省级民宿，并引领乡村民宿（农家客栈）的品质发展和标准化建设。三是探索农旅融合助力乡村集体经济发展模式。挖掘景区的特色农业、文化、旅游、村庄等资源，鼓励村庄以自主投资经营、合作开发、资产入股、资产出租、环境管理等形式，参与乡村旅游开发、设施建设、经营管理等。

（四）要素协同：破解要素制约，夯实产业发展基础

一是注重政策统筹。进一步整合农业农村、文广旅体、交通、建设、水利等部门资源，统筹推进美丽乡村、历史文化村落、景区村庄、美丽乡村公路等建设，集中资源力量，进一步完善通景道路、停车场、旅游厕所、标识标牌、游客中心等旅游基础配套设施及村庄环境的美化、洁化、绿化，进一步提升美丽乡村的发展魅力。二是加强人才培育。加强对乡镇（街道、园区)乡村旅游分管领导及业务人员、涉旅行业从业人员的常态化培训，提升农旅融合发展理念和业务水平，调动农旅企业的积极性，鼓励培养和引进一批农旅项目策划、产品开发、电子商务、市场营销、酒店管理等方面的紧缺人才，为农旅大发展提供人才储备和支撑。三是破解土地难题。鼓励利用农村闲置房屋、集体资产、废弃厂房、闲置学校、废弃矿山等农村闲置资源，发展乡村民宿（农家客栈）、休闲农场、书院、咖啡吧、乡村文创营地、汽车露营地等农旅融合业态产品。

（五）治理协同：巩固环境整治成果，完善乡村基础设施

一是严格控制环境容量。深入践行"绿水青山就是金山银山"的重要思想，科学测算诸如龙王沟乡村旅游产业集聚区、元和观等乡村旅游集聚区及农旅融合景区的生态承载量、瞬时承载量、日承载量，并严格控制游客数量，采用智能化、提前预警等措施合理分流高峰期游客，为游客营造更加舒适的乡村旅游环境。二是加快整治提升。加大投入力度，深入实施乡村旅游区域的整治提升，持续开展农家客栈（农房）外立面与庭院改造、拆违、景观节点建设、涧滩整治、旅游厕所等方面的改造提升，做优区域生态环境，为农旅融合健康持续发展营造"看得见山、望得见水、记得住乡愁"真山真水的乡村旅游环境。三是推进景区村庄长效发展。美丽乡村建设要更加注重因地制宜，利用生态环境和自然山水的脉络，保留村落传统肌理，切实改变"千村一面、千户一面、千房一面"现象。在此基础上，深入实施村落景区化建设，持续完善游客中心、旅游厕所、停车场等旅游配套设施建设，突出"一村一品""一村一韵"的乡村旅游业态产品开发建设，不断提质并丰富景区村庄的产品业态，积极导入"旅游+"理念，把旅游元素融入乡村各行各业，实现融合发展、创新发展。

第四节　武当山农文旅融合发展研究①

党的十九大报告提出乡村振兴战略，指出"以文促旅，以旅兴农，使农业和旅游相得益彰；以农造景，以景带旅，以旅促农，农旅融合"，激起了人们对乡村"农文旅融合"发展的高度关注。《中华人民共和国国民经济和社会发展第十四个五年规划和2035年远景目标纲要》提出，"坚持农业农村优先发展，全面推进乡村振兴"。推进农村一、二、三产业融合发展，壮大休闲农业、乡村旅游、民宿经济等特色产业。党的二十大报告对全面推进乡村振兴做了全面部署，强调"发展乡村特色产业，拓宽农民增收致富渠道"。乡村有着丰富的旅游资源，依托乡村生态资源和文化资源发展起来的乡村旅游是乡村特色产业的重要组成部分。乡村振兴是乡村内在动力的培育与内在活力的激发，对于大多数的中国乡村而言，振兴之路需依托农业和旅游两大产业支撑。此外，随着人们对文化深度体验的需求日益增强，文旅融合已形成趋势。以农文旅融合促进乡村振兴，突破传统的以工业化、城镇化单向驱动乡村的发展理念，是对"望得见山、看得见水、记得住乡愁""绿水青山就是金山银山"的中国特色乡村振兴道路的科学论证和践行。

一、新时代农文旅融合发展的内涵解读

1. 拓展时空边界——实现全域

农业旅游利用农村的自然人文资源吸引游客，在农业区域融入休闲娱乐的参与性活动,两者协同发展的主要形式包括传统观光型、现代科技型、度假休闲型等，满足了现代城市人对回归美好田园生活的追求。农业和旅游业存在高相关度，两者的产业融合既提升了传统农业的价值，又促进了

---

① 2023年9月13日，笔者在武当山旅游经济特区领导干部大会上的演讲报告。

旅游业的多元化发展。农文旅融合可通过拓展农业的旅游功能，延伸农业、旅游产业链和价值链，充分挖掘农业非传统功能，拓宽产业边界，形成新的产业业态，带动农业与第三产业良性互动，因此它成为农村产业融合的重要路径，也是实现乡村振兴的重要突破口。

2. 激活发展要素——促进转型

农文旅融合发展通过采用政治、经济和文化建设等手段，激活乡村人口、土地、产业等关键发展要素，促进物质空间的振兴与精神内核的提升，以实现乡村社会的现代化转型和资源的优化配置。通过对地区农业文化资源的深度挖掘和要素转化，丰富拓展了乡村旅游的内涵与外延，从而促进地区农业生产、旅游经济增长和文化活态传承。

3. 推进资源整合——放大价值

农业的现代化与旅游化是实现农业振兴的重要途径。以乡村为本底，以农业为基础，以文化为灵魂，以旅游业为引领，加速农文旅产业融合，推动区域乡村全面振兴。尤其是对于耕地难以上规模、出效益的乡村，要从旅游的角度，重新审视农业，充分激发乘数效应，获得最大限度的经济效益。农文旅融合是以农业为主题的集观光旅游、文化娱乐、休闲度假等功能于一体的休闲度假目的地，农文旅融合发展则是多方主体互动的结果，能在保护和开发农村生态资源以及民俗文化时，延伸和升级农业产业链，增加农民收入，是农村经济活力增强和转型升级的重要途径。

4. 强化跨界融合——实现杠杆

农文旅融合发展模式是对传统旅游业的高质量转型探索，已日益成为一种常态化、可持续的乡村旅游形式。农文旅融合能够整合休闲农业与乡村旅游，促进农村剩余劳动力就地安置、缩小城乡差距、延伸产业链条，有效拓展了农业的功能性，带动农民致富增收的同时，成为乡村转型升级的新思路。

二、农文旅融合发展模式

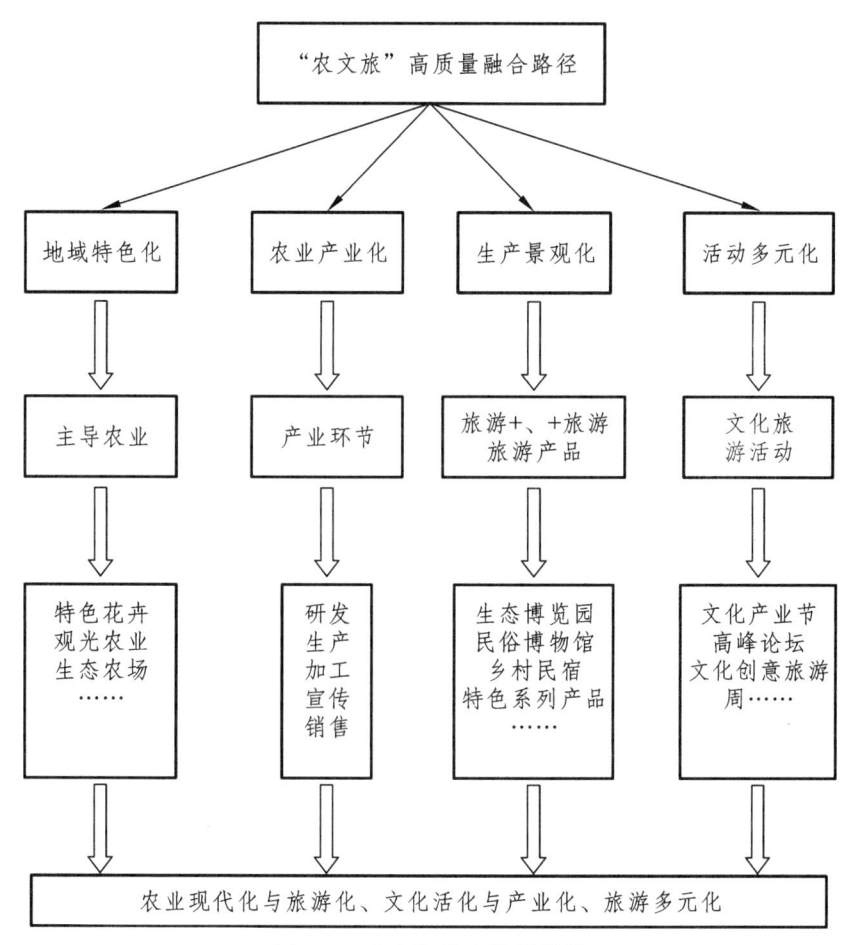

（一）农文旅融合发展路径

农文旅融合发展路径详见图 8-3。

```
                    "农文旅"高质量融合路径
          ┌──────────┬──────────┬──────────┐
          ↓          ↓          ↓          ↓
       地域特色化   农业产业化   生产景观化   活动多元化
          ↓          ↓          ↓          ↓
       主导农业     产业环节   旅游+、+旅游   文化旅游
                              旅游产品     活动
          ↓          ↓          ↓          ↓
       特色花卉     研发       生态博览园   文化产业节
       观光农业     生产       民俗博物馆   高峰论坛
       生态农场     加工       乡村民宿     文化创意旅游
       ……          宣传       特色系列产品  周……
                   销售       ……
          ↓          ↓          ↓          ↓
       农业现代化与旅游化、文化活化与产业化、旅游多元化
```

图 8-3　农文旅融合发展路径

1. 地域特色化

立足地方特色，凸显别样魅力。特色资源是地方在长期的历史发展中形成的宝贵积淀，如民风民俗、自然禀赋、文化元素或者农产品。特色资

源是农文旅融合发展机制形成的关键要素，深度挖掘开发特色资源，塑造鲜明的品牌形象，能够避免旅游市场同质化竞争，实现差异化发展。

2. 农业产业化

农业转型升级，游客沉浸体验。将传统、落后、粗放式的农业发展面貌向二三产业延伸转型，完善基础设施建设和专业人才配备，打造高质量、系统化、集约式的农业创新发展体系。对内，实现农业在生产、生态、生活三个层面的开放透明，增强游客沉浸式体验与互动。

3. 生产景观化

自然生态旅游，尽显返璞归真。基于生态美学与可持续发展的原则，围绕地方特色资源积淀，将农业生产过程与旅游景观设计有机结合，打造食、住、行、游、娱、购六位一体的乡村旅居生活空间，开发都市生活圈之外的宁静田园，唤醒游客内心的诗与远方。

4. 活动多元化

政府、企业、各类组织的共同推动下，对非遗文化、传统手工艺文化等进行价值挖掘、文化传承、产品创新和品牌建设。文化作为农文旅深度融合的灵魂，能够丰富旅游活动内涵，增强游客情感体验与文化认同。创意赋能多样化的活动形式，创新宣传营销手段，提高大众参与度。

（二）农文旅融合发展模式

1. 要素优化模式——乡土风情+乡村文化+民俗民风

这种模式主打乡村历史、民俗民风、乡村民居及民族风情，也是现有乡村农文旅融合最先使用的模式。这种融合发展模式比较典型的形式是传统古村落（如江西省婺源县古村落徽派建筑群）、历史文化名村名镇（如山西省介休市张壁村红色文化之旅）、产业特色精品村（如金华市南马镇官窑文化旅游村）及少数民族村寨（如云南、贵州少数民族聚居区）等。这种模式对乡村的历史底蕴、古建遗存、本土文化脉络、民俗或民族技艺等非物质文化遗产有一定的要求。以特色文化为主题，可以衍生出多种旅游项目，打造特色旅游项目。所以，这种模式是常规乡村旅游中的主打项目，也是建设美丽乡村或产业特色精品村等的挖掘重点，不断丰富乡村文化。

2. 产业集群模式——家庭农场+农耕文化+农事体验

这是最常见，也是农户最主要的参与形式。这种模式在四川、浙江、江苏等地发展特别快，特别有优势，以农家乐、渔家乐、茶家乐、采摘园等为主要形式。其经营主体多是农户，以其住房、庭院和承包地等作为营业场所，让游客吃农家饭、住农家院、干农家活，享受劳动果实，体验"采菊东篱下，悠然见南山"的乡野生活。可以说这种模式是乡村旅游发展最早的形式，因为其亲子、家庭教育性质，发展至今仍有很大市场。这种模式可以继续创新农耕项目，抓紧亲子市场，提升教育质量，从而使农文旅融合得更加顺利。

3. 思维跨界模式——和谐乡村+养生文化+康体养生

乡村养生游，是以乡村旅游、田野生活为环境，以从事农作、农活、农事为内容，回归自然、修身养性的一种休闲方式。我国自古有"农医同源"之说，《神农本草经》的"本草"就基本来自乡村，可以说，养生与乡村渊源深厚。这种融合模式中，游客具有候鸟式特征，尤其适合中老年和短期休养人群，乡村需要配备较为完善的医疗、康健等设施。如神农架、恩施利川，每年夏秋季吸引大批城市居民度假、避暑、养老。通过乡村的和谐环境，达到人体循环的和谐，使养生旅游有了哲学中的"天人合一"的思想。具体有六种形式：景观资源—以静养生；空气资源—以气养生；农耕活动—以动养生；人文资源—以和养生；饮食资源—以食养生；环境资源—以睡养生。

4. 品牌创造模式——美丽乡村+休闲文化+乡村度假

这种模式比较典型的有美丽乡村（如衢州市开化县长虹乡桃源村、丽水市庆元县举水乡月山村）、休闲特色小镇（如小汤山温泉小镇、安吉天使小镇、太湖健康蜜月小镇）等项目。这些美丽乡村往往具备美食、体验、康体娱乐等功能，可以满足人们在紧张工作之余的短期休闲需求。除了农业园区、农业嘉年华等，还包括人工设计和建设，具有一定的规模，也有休闲旅游功能的休憩场所，如浙江省桐乡市乌村，围绕江南农村村落特点，以精品农产品种植加工区、农事活动体验区、知青文化区及船文化区构成四大板块，内设酒店、民宿、餐饮、娱乐及景观等一系列适宜游客吃、住、行、游、购及娱的配套服务设施，与乌镇东西栅景区联袂互补，成为古镇古街古村落的新型旅游度假景区，是活化古村的典范。

5. 价值延伸模式——田园景观+乡土文化+乡村山水游

这种模式是农旅融合的升级版。农旅融合最早的形式是乡村观光旅游，季节性和淡旺季比较明显，游客往往集中在某一时段。这种模式会以农作物的集中种植区（如油菜花景观、向日葵景观等）、农区特色地形地貌（如梯田景观、草原景观等）、农业工程（如古堰水利工程景观等）等形成的景观为旅游观光对象。通过一二三产业深度融合，重新思考与定位农业的生产周期与农业元素在其中的作用，在农业的产前、产中和产后环节，分别注入花期观赏、农耕体验、农产品销售与展示等旅游活动，以及通过农业庄园、国家农业公园等新型业态，结合儿童群体的劳动教育、大学生团体的实践课程、婚恋市场的婚纱摄影、老年市场的休闲康养等，不断延长与拓宽产业链。充分发挥农业的旅游化在延伸产业链、实现人气与消费积聚、提高附加值等方面的作用，促进农业发展与农民致富。

三、农文旅融合关注焦点

1. 产业政策协同

当前农旅融合协同发展过程中各级政府政策指示不明确,实际执行过程中协同性差。首先,农业与旅游业资源利用效率不高。农旅资源分别属于多个部门,如农业农村部、林业部、水利局、城建局、文化和旅游部等,这些部门都可对农旅资源开发运用行使管理职能,导致旅游业和农业融合协同发展的规划没有融入经济社会发展全局,旅游业和农业资源要素未能实现充分整合,资源的联动应用性差,利用效率不高。其次,一些政策难以在各部门间联动实施。在政策管理执行过程中,多部门均出台类似政策,如税收、贷款、用地、工商、食品、安全和卫生等保证和优惠政策,存在重复又不能有效联动,难以有效地履行管理职能,保证政策顺利实施。最后,政策优惠力度不够,难以吸引民间和社会资本的投入。政府在农旅产业相关政策方面没有细化明确的优惠政策,如土地政策、税收政策、产业发展基金、投融资体制、扶持奖励政策等,优惠政策的模糊不清难以吸引和鼓励民间及社会资金投入农旅产业发展中。

2. 利益联结均衡

农文旅的融合发展离不开农民的参与,农民一直是乡村旅游的经营主体,也是乡村观光向休闲度假转型的支柱力量。不管是美丽乡村的建设还是乡村振兴战略的实施,目标都是彻底改善农村人居环境,不仅是提高经济收入,还要提升文化素质等。利益分配不平衡表现在三个方面:第一,由于现在发展旅游的村庄里面,规模大、名气大的民宿或客栈很多是非本地人经营,他们有自己的人才,也能够利用移动互联网等新型营销方式进行推广,自身资源也比较好,还可以接待外国游客。适合本地人的就业机会并不多,个别地方甚至出现对本地农户的"排挤",这样大部分增值收益被外地人拿走,使很多本地人闹情绪或阻碍农文旅融合的发展。第二,有些乡村按照乡村旅游规划对乡村进行了景区似的开发，完成了美丽田园景观的种植和维护，但没有相关部门的指导，导致产生的经济支出不能得到补偿。第三，现有村镇土地的征收或租用制度还不是很完善，真正能使农民有效使用土地并受益，维护小康家庭水平的土地管理机制还不够合理。

3. 产业联动优化

农文旅融合发展并不是简单的"1+1+1=3"，它需要三类产业进行不同形式的组合，产生"1+1+1>3"的效果。目前的农文旅发展主要还是依托简单的观光旅游、销售农产品、参观农耕文化博物馆等项目堆积完成，甚至因为农业的季节性特点，农文旅融合过程中还表现出一种旺季太旺、淡季太淡的状态。这些都是由于产业链条短、融合产品设计创意不足造成的。除此之外，产业联动不足还体现在农产品转化为旅游产品不足，在农村文化脉络、农村美食、农事耕作等方面的深度挖掘不够等。农文旅融合的模式创意不足则体现在农文旅融合产业发展的层级较低、特色不明显、同质化问题突出。

4. 规划路径引领

农文旅融合发展过程中缺乏理论支撑，持续性、创新性发展路径重视不足，片面追求以"资源"换"经济"。要根据农文旅融合发展专门编制发展规划，不能只是简单的乡村旅游规划，需要的是农业、文化产业、旅游业的融合，在建立农文旅产业融合发展的基础上，集成三大产业的精华进行编制，为乡村振兴和可持续发展助力。正是因为不够重视农文旅融合持续性发展路径，有的地方还是重经济发展、轻生态保护。武当山乡村资源相对丰富，生态环境良好，农文旅融合发展中要严格监管，避免村落环境受到污染，阻碍乡村振兴的发展。

四、农文旅融合发展对策

1. 加强政策协同，健全政府主导的农文旅融合发展政策

政府应充分发挥在规划制定、环境优化、形象推介、引导性投入等方面的主导作用，要立足"大农业+全域旅游"协同发展，出台专门扶持发展农文旅产业的政策，落实专项扶持资金和配套支持政策，通过整合美丽乡村、乡村振兴、乡村道路、农田水利等涉农项目资金，加大农文旅景区（点）及沿线基础设施、公共服务设施建设的投入，对农文旅产业在基础设施、财政贴息、税费减免、土地流转、智慧旅游、宣传推介等方面进行重点扶持，切实解决建设中存在的融资、用地、办证难等一系列实际问题。同时建议相关部门加快政策创新，因地、因时、因项目采取切实有效的措施，建立和完善与农文旅产业发展相适应的产权制度，着力拓展用地空间。

2. 加强规划引导，促进农文旅协同发展

组建农文旅融合机构需要从发展"大农业、大旅游、大文化"的角度，加强农业部门、文化部门和旅游部门之间的行业协作。引进一流的专家团队，高起点、高标准、高水平编制好农业、旅游和文化产业融合发展规划、农文旅融合发展示范园区行动方案等，明确各地农业、文化、旅游产业融合发展的空间布局。各地结合当地的历史、资源和产业特色等分别编制行动计划，至少打造一个自己的示范重点，并加快建设一批吃、住、行、游、购、娱六要素俱全的农文旅综合体，使农文旅发展实现区域规划与园区规划的更好衔接。

3. 整治人居环境，实现绿色共享的生态环境振兴

农文旅产业的融合，需要良好的乡村基础设施环境作支撑，以促进招商引商与提升游客体验。农文旅融合发展除对农村垃圾、污水治理和村容村貌提升外提出严格要求，也对设施与服务配置提出新要求。不仅要考虑

当地居民生产生活需要，还应考虑游客的体验，注重旅游元素的融入，加强旅游服务功能，协调乡村基础设施建设与旅游公共服务建设间的标准。这是乡村环境改善的重点，更是乡村振兴战略全面实施的保障。

4. 完善利益联结，建立兼顾公平的利益均衡机制

一是利益分配机制。利益分配一般包括收益的分配、就业的分配、乡村旅游培训机会的分配等。具体可通过以下三种方式实现：第一，协调农文旅各个部门之间的利益关系，对弱势群体和基础产业进行适度补偿；第二，对产业组织形式进行创新。农户接受新事物的渠道不多，旅游开发企业或政府要及时将外面的新思想、新方法通过培训的方式传给农户，在农户进行创新尝试时进行指导和帮助；第三，在创业与就业上更多地让当地人参与进来。加强对农户的培训，提升农户的服务意识和旅游接待水平，使其能在农文旅融合发展中真正得到实惠。二是利益保障机制。第一，做好信息公开。信息公开可以通过广播、宣传栏、网络多种方式进行，主要利益相关者可根据自己的判断进行比较和思考，减少因为不公开而误听、误传导致的不必要矛盾；第二，相关部门应该制定并出台相关的法规、规章制度。这样不仅可以规范经营者的经营行为，保证其服务质量及合理利用投资人的资本，还可以保障较为弱势的当地居民、旅游者的权益，最终使农文旅融合更加牢固。

5. 推动产业联动，加快品牌创造实现价值延伸

乡村振兴战略的实现从根本上需要依靠农业产业兴旺，产业兴旺立足农村本地资源优势和人文历史，走乡土化、差异化、规范化之路打造特色产业。农文旅融合驱动乡村振兴的机制在于以组合优势延长产业链，多方向拓展功能。一是发挥特色产业的联动作用，建立集农产品生产、加工、休闲观光、特色产品销售等为一体的产业集群。二是打造地方特色农耕文化名片，促进农产品变旅游产品，创新旅游产品开发，完善旅游路线，建

设农耕文化主题餐厅,加强传统生产技艺体验等项目,推进农业与旅游业发展方式转变,优化和调整农业和农村产业结构。选择现有发展基础较好的农业旅游项目,通过改造升级加入文化创意元素,或者设计新型乡村旅游文化体验项目,如特色农庄、休闲农业主题园等,在这些项目中选择有优势的、有乡村地方特色的进行精心培育,使其成为乡村的重点项目品牌。着力培植一批规模较大、特色明显、科技含量高、形象良好的农旅融合样板点,打造一批品牌企业、品牌园区、品牌名村名镇,实现做大做强、做精做优。三是创新市场运作模式,利用美团、携程等互联网电子商务平台,微信小程序、抖音等自媒体开展市场推广和宣传;积极推广使用"生产基地+加工企业+流通企业"或"公司+基地+协会+农户"等一体化产销模式,盘活乡村资源和资产。

第五节　新时代全域旅游高质量发展内在逻辑与路径创新[①]

全域旅游是大众旅游新时代大背景下的产物,是根据旅游需求的大众化、普遍化和多样化特点,以及旅游消费结构和产品的变化而衍生出的新概念。全域旅游是一种区域旅游发展理念,是一种旅游发展价值追求,更是中国旅游产业转型升级的战略选择。

一、全域旅游发展新时代背景

（一）锚定旅游业高质量发展新阶段

2017年党的十九大报告提出我国经济已由高速增长阶段转向高质量

---

① 2024年5月9日,笔者在武当山旅游经济特区主体班暨党组织书记培训班上的演讲报告。

发展阶段，2020年党的十九届五中全会进一步提出必须把高质量发展的要求贯穿到经济、社会、文化、生态文明等各领域。高质量发展成为解决我国新发展阶段、新发展环境、新发展条件下新问题的核心战略举措，是"十四五"乃至更长时期我国经济社会发展的主题。

党的十八大以来，我国旅游发展逐渐进入一个新阶段，发展重心逐渐由量向质转变，2013年国家旅游局印发《旅游质量发展纲要（2013—2020年）》，指出坚持旅游质量发展是改善民生与提高人民生活品质的迫切需要，也是转变旅游发展方式、走规模增长与质量效益并重发展道路的内在要求，提出质量强旅战略目标，要将旅游业培育成为人民群众更加满意的现代服务业。2015年国家旅游局下发了《关于开展"国家全域旅游示范区"创建工作的通知》，指出全域旅游是实现旅游发展改革创新、转型提质的重要途径，进一步将质量作为全域旅游发展的首要价值目标，旨在通过旅游带动和促进整个社会经济的协调发展。2020年，为了充分利用以互联网为代表的现代信息技术为旅游发展带来的新动能，文化和旅游部与国家发展改革委等十部门联合印发了《关于深化"互联网+旅游"推动旅游业高质量发展的意见》，指出将互联网作为旅游要素共享的重要平台，要实现社会效益和经济效益有机统一，坚持开放共享，加快形成以开放、共享为特征的旅游业发展新模式。2021年，文化和旅游部发布《"十四五"文化和旅游发展规划》，提出以高质量发展为核心主题，要实现发展质量、结构、规模、速度、效益、安全的统一，高质量发展成为我国旅游发展的主要方向。

（二）双循环格局引领旅游业新方向

自2001年加入世贸组织，中国社会经济建设取得巨大成就，尤其是对外贸易已成为拉动中国经济增长的三驾马车之一。然而，从2008年爆发金融危机以来，全球经济受到重大影响，一股"逆全球化"趋势开始在国际上愈演愈烈。中国经济发展也受此次金融危机影响，由此经济发展开始进入"新常态"。2020年国际贸易遭受重创，中国的对外贸易也遇到了较大的影响。

长期以来，对外贸易是中国经济发展的重要引擎之一，对外贸易又极易受国际形势变化的影响，进而成为中国经济发展中的不稳定因素。为了摆脱这种不利局面，中国政府不断调整经济发展结构，引导以国内消费作为经济发展的主要引擎。因此，近年来中国的对外贸易依存度呈现不断下降的趋势。2006年中国外贸依存度超过60%，2020年则下降至30%左右，同年国内最终消费支出占GDP的比重达到了54.3%，表明国内消费逐渐成为中国经济发展最重要的动力，经济结构体系得到不断完善。国内消费不断增长，国际贸易遭受重大冲击和影响，加之变幻莫测的国际形势。在这样的背景下，以习近平同志为核心的党中央提出了构建双循环新发展格局的重大战略决策。双循环新发展格局中的"以国内大循环为主体"，旨在充分发挥中国超大规模市场的优势，不断挖掘国内内需市场潜力，以内需作为发展的出发点，统筹生产、流通、分配等各个环节，打通影响经济循环的堵点，畅通国内经济大循环。在此基础上，实现国内国际双循环相互促进的新发展格局。国内循环与国际循环二者应该是相互促进、相辅相成，而非相互对立的关系，其中国内大循环是基础，国际循环则是国内大循环的延伸与拓展。实施双循环新发展格局战略，可以充分利用国内和国际两个市场的资源，形成需求牵引供给、供给创造需求的动态平衡的新发展格局。

早在2015年，习近平总书记就提出要加强供给侧结构性改革。近年来，旅游业也强力开展了一系列供给侧结构性改革，在旅游产品供给质量和效率上都有了显著的改善和提升。不过，至今旅游供给上仍然存在产品同质化现象严重、旅游产业结构不合理等问题。旅游业通过融入"双循环"新发展格局，将以满足国内旅游需求来牵引旅游供给改革，提升旅游需求与旅游供给的匹配性，进而实现旅游供给侧结构性改革。旅游供给是旅游经济循环体系中最重要的一环，若不解决旅游供给侧长期存在的问题，旅游消费增长必然受阻，国内旅游大循环更是无从谈起。因此，必须实现旅游产品供给升级，才能以旅游供给增长拉动消费需求的提升，最终实现国内旅游大循环的顺利运行。

中国旅游业的内循环蓬勃兴起，国际循环有望恢复（入境旅游），双循环互促的格局正在逐步形成，可以预见旅游业将在经济新发展格局中扮演更为重要的角色，特别是以休闲度假产业为代表的新兴旅游业态将在经济新发展格局中迎来难得的发展机遇。在全球化大背景下，旅游业外向型产业的特征越来越凸显，从目前看，我国的旅游融入双循环发展格局是国内旅游强循环，国际旅游的发展则面临着更多的不确定性。要统筹国内国际旅游发展，应多措并举，激发居民旅游消费意愿和潜力，扫清旅游障碍，推动旅游智慧化和便利化，推动国际旅游规范有序和健康发展。

（三）扩大内需激活旅游消费新潜力

扩大旅游内需市场、加强旅游需求侧管理，是实现旅游业高质量发展的必要之举，也是旅游业融入双循环新发展格局的有效方式。中国有着巨大的旅游消费潜力，不过，虽然国内旅游消费市场看似潜力很大，但是在旅游消费质量上，仍然存在人均出游次数少和人均旅游消费低等问题，因此仍然需要通过进一步的挖掘，释放中国国内旅游消费潜力。旅游业融入双循环新发展格局，就是在巨大的国内旅游市场的优势基础上，通过旅游需求侧结构性改革，引导大众进行旅游消费、绿色消费和理性消费，进而不断完善旅游内需体系。

（四）新科技革命赋予旅游业新动能

从经济社会发展和旅游业演化的宏观视域出发，可以得出这样的论断：

在推进旅游业高质量发展、促进文化和旅游融合发展，建设现代旅游业体系的战略进程中，科技创新特别是移动通信、物联网、大数据（抖音算法）、人工智能（AI）扮演了无可替代的角色，发挥了至关重要的积极作用。在文化和旅游融合发展的进程中，各地行政主体和市场主体要结合大众旅游发展的时代特征和地方旅游业发展环境，实施科技创新策略，以新发展理念推进旅游业高质量发展。

改革开放初期的入境旅游时代，旅游发展的基础设施、商业环境和公共服务尚不健全，外国游客，港澳台同胞和海外侨胞主要采取团进团出的方式，旅行社是旅游业的中心，也是龙头。在财务靠算盘、信息靠手写的年代，能够拥有手机、传真机、打字机的旅行社，在同龄人的心目中就是现代商业文明的代表了。回过头看，那个时代的旅行服务主要依赖导游和计调等一线操作人员。人工和自然力虽然可以满足少数游客的个性化需求，但不可能适应大众旅游时代的规模化生产和标准化作业。以 1999 年"国庆黄金周"为标志，解决了温饱问题的城乡居民开始取代外国游客和港澳台同胞成为旅游消费的主体。因为没有语言、文化、支付等方面的差异，也没有签证的障碍，国民旅游一开始就以规模化、自由行、碎片化的姿态登上了历史舞台。

飞机、火车、高速公路、互联网、人工智能等交通和通讯领域的技术创新让更多人拥有平等的旅游权利，以及快速、便捷、自由的服务。每年数十亿的游客规模和碎片化的消费需求，仅靠数千万旅游从业人员，是无法适应市场变迁和产业升级的双重压力的。对于牌照经济体系中的旅行社和分等定级导向的星级酒店而言，原有的商业模式和运营机制已经开始落伍，面对市场不知所措。经过半个世纪团队运作和手工操作，传统旅行社不再有能力捕获大众旅游时代的市场机遇。大众旅游的时代需求，是规模化、自由行、碎片化。携程、去哪儿为什么能行？因为它聚焦于分散化的商务散客出行。

（五）乡村振兴为旅游业带来新利好

乡村振兴战略的提出，是为了解决城乡发展不平衡的问题，最主要是保证乡村地区的农业产业稳定发展、保证传承传统文化以及加强乡村地区的环境治理。乡村旅游是一项以旅游度假为宗旨，以乡村野外为空间，覆盖乡村生态、农业生产、乡村风俗、乡村民情和乡村文化等众多领域的旅游形式。游客到访乡村，可以赏花、采摘、垂钓，参与农事、手工和非物质文化遗产活动，沉浸式体验乡村的美好生活。

随着乡村振兴工作向纵深推进，乡村旅游已成为促进乡村产业兴旺、生态宜居、乡风文明、治理有效、生活富裕的重要抓手和可行路径。借助更多旅游资源要素的涌入，发展乡村旅游可以更好地保护乡村生态环境，而且乡村旅游本身就需要以优美的自然环境为依托。

乡村旅游发展需要当地村民的积极参与，通过发展乡村旅游可以提升农民的知识水平和文明程度。更为重要的是，随着乡村旅游的不断推进发展，可以引导当地乡民形成共建、共治、共享、共荣的利益共同体，这样一来不仅可以提升当地乡民的收入水平，还可以提升和完善农村基础综合治理体系。

目前，我国已有超过 6 万个行政村开展乡村旅游经营活动，涵盖了观光、休闲、康养、避暑、冰雪、耕读、研学、娱乐诸多产品体系。持续升级的乡村旅游有效带动了特色种植、生态养殖、土特产加工、民俗展演、旅游装备租赁、直播带货、乡村电商、物流配送、民居修缮等新业态发展，农村居民的生产节奏和生活面貌发生了明显改善。

（六）区域一体化提升旅游业新能级

推动区域一体化发展，增强地区创新能力和竞争能力，提高经济集聚度、区域连接性和政策协同效率，对引领全国高质量发展、建设现代化经济体系意义重大。通过区域旅游消费结构的优化，引导国内旅游消费和市场的提质扩容与结构升级。"十四五"时期，通过建设强大的区域一体化旅游市场，发挥旅游中心城市对周边地区的消费示范带动效应。例如，实现京津冀、粤港澳大湾区、长三角等消费市场的结构优化，将对我国扩大旅游消费需求和促进旅游消费结构升级形成重要引领。

对武当山来讲，主要持续推进两个区域一体化建设。一是"一江两山"，即长江三峡、神农架、武当山黄金旅游区。另外一个是"襄十随神"，该区域是湖北省重要文化和旅游板块，区域内拥有随州炎帝故里、襄阳古隆中、十堰武当山、神农架等全国知名的文化和旅游资源和景区。"襄十随神"城市群协同发展是湖北省委、省政府做出的重大区域发展布局战略。为推进"襄十随神"文化和旅游一体化发展，深入挖掘城市群深厚的文化底蕴，2023年9月，由襄阳市文化和旅游局牵头，联合十堰、随州、神农架林区文化和旅游局共同策划了"襄十随神、美美同行"文旅发展系列活动。共同推动城市群文化和旅游市场一体化发展，做大做强鄂西北文旅板块。

（七）融合新模式开拓旅游业新空间

新时代，全国各地大力实施"旅游+"和"+旅游"战略，推动旅游与城镇化、新型工业化、农业现代化和现代服务业的融合发展，拓展旅游发展新领域、新业态。现阶段，旅游行业呈现出三种新业态：一是以组织形态的创新形成的新业态，例如携程、去哪儿、飞猪等OTA平台；二是以产品形式创新形成的新业态，例如研学旅游、康养旅游等；三是以经营模式创新形成的新业态，例如网络直播、旅游消费券等。此外，文旅行业跨界融合的不断深入，出现了约十一种旅游产品新业态，主要包括文化体验、乡村民宿、休闲度假、生态和谐、城市购物、工业遗产、研学知识、红色教育、康养体育、游轮游艇、房车露营等。针对武当山旅游经济特区发展现状和发展趋势，要紧抓旅游业新业态，与携程等OTA平台加强合作，加强推介武当旅游的力度；通过招商引资或政府采购服务的形式引进"研学猫"等研学旅游品牌服务商，开发以武当文化为主题的研学项目；加强与抖音等新媒体的合作，聘请或培养网红旅游主播，在金顶、南岩、太极湖新区等主要景点开展旅游视频直播。在继续发展好观光旅游、文化旅游产品、节事旅游产品等现有产品的基础上，加大融合型旅游产品开发力度，主要包括：持续推进京堰合作项目"驿雲·元和美宿"第三期民宿建设，开发森林康养旅游、房车露营、武当文化研学旅游等。

二、全域旅游高质量发展理念深化

高质量发展是一个动态过程。高质量究竟是经济的、环境的、社会的还是生态的高质量？是旅游者的、居民的、企业的还是目的地的高质量？是水涨船高式的还是韧性发展式的高质量？是开放竞争下的还是封闭内卷下的高质量？是路径依赖、传统思维下的还是迭代创新、多维赋能下的高质量？

（一）基于经济学的旅游高质量发展：旅游供给侧结构性改革

经济学对发展问题的研究经历了从经济增长数量到增长质量再到高质量发展的转变过程，在经济高速增长阶段，强调经济增长规模与速度。随着对经济高增长负面影响的认知逐渐加深，需要从量的关注转变为量与质的协调。即给定投入下产出越多就表明经济增长效率越高，经济增长质量越高，这种理念的核心是经济的高质量增长，在一定程度上从质的视角揭示经济增长的品质优劣。但其重点仍在增长而非发展，"发展"一词的内涵较"增长"一词更为丰富，涵盖经济、社会和环境等因素。随后，在强调质量的基础上大家开始转向对发展的关注，认为经济高质量发展是从

"经济总量增长"向"经济结构优化"的转变,包括经济发展过程中产业结构、消费结构、区域结构等的优化,以及经济发展所产生的后果,比如居民福利水平的变化、资源利用和生态环境代价等。基于经济学的旅游高质量发展内涵强调通过供给侧结构性改革、制度创新、技术创新等来提升旅游经济的增长质量,从旅游经济和旅游产业的产出、生产效率等视角出发,认为公共服务、产业结构、资源禀赋和制度因素等影响了旅游经济的增长。虽然经济学视角的旅游高质量发展解释也涉及生态环境、社会公平等超越经济范畴的广泛的问题,但其落脚点仍然是旅游经济增长,主要借助经济学的理论逻辑将旅游经济和社会、生态因素连接起来,关注的核心问题是如何通过优化旅游资源、技术、生态环境等的要素投入推动旅游经济增长,同时控制旅游经济增长的负面影响,强化旅游经济增长的正面带动作用。

(二)基于政治经济学的旅游高质量发展:五大新发展理念

根据政治经济学对我国社会主要矛盾及对其宏观调控的相关研究,质量的经济属性应当同时涉及质量的现实价值判断与终极价值判断,高质量发展就是基于质量的全面发展,这正是根据我国发展阶段、发展环境、发展条件的新的战略选择,高质量发展就需要满足人民日益增长的美好生活需要并且解决发展不平衡不充分的问题,发展质量的高低,最终是以发展能否满足人民的美好生活需要为判断准则,而美好生活需要绝不仅仅是单纯的物质性要求,而将越来越多地表现为人的全面发展的要求,创新、协调、绿色、开放、共享的新发展理念成为界定高质量发展内涵的重要准则。由此,政治经济学视角不再将高质量发展还原为单纯的经济增长,强调的是经济效益、社会效益和生态效益的结合,是一个系统性概念,发展的重心从经济向社会转变,需要提高治理能力以处理政府、市场、公众等多元主体之间的复杂关系。因此,旅游高质量发展主要结合五大新发展理念、生态文明、"两山理论"的具体要求,从旅游产业结构优化、业态创新、区域协调、生态环境、开放交流、社会福祉等多个方面系统构建。

基于经济学的旅游业高质量发展主要从旅游产业和旅游经济本身的演进规律来提升旅游经济增长的质量,侧重于景点景区以及旅游行业的微观与中观层面的高质量发展。而基于政治经济学的旅游高质量发展则强调旅游解决新时代我国主要矛盾的作用,侧重于强调旅游所处的社会环境及其与社会经济之间的关系等更为宏观层面的高质量发展。实际上这两个方面是彼此重叠交叉在一起的,在坚持旅游业本身高质量发展的同时强调对整个社会经济的协调发展的带动作用。

三、全域旅游高质量发展路径

从旅游需求的角度讲,现代旅游经历观光旅游、休闲旅游、度假旅游和健康旅游四个阶段;从旅游供给的角度讲,现代旅游必须经历要素经济、载体经济、内容经济和融合经济四个层次;从旅游产业的角度讲,要素经济对应观光旅游,载体经济对应休闲旅游,内容经济对应度假旅游,融合经济对应健康旅游,旅游需求与旅游供给的对接互动促进了旅游产业的转型升级和创新发展。

(一)建立政府引领、产业主导的全域旅游高质量发展机制

政府的科学引领和政策指导是全域旅游高质量发展的重要动力因素。当前,文化和旅游部与地方文旅部门针对旅游业高质量发展颁布了大量政策文件,文化和旅游部的相关政策重在产业引领,地方文旅部门的政策涵盖了行动计划、工作要点、专项规划以及实施方案等方面,大部分方案都侧重文旅融合的深度发展,重视"特色产业+旅游产业"的融合发展范式,

各地的旅游业高质量发展政策具有不同的特色和重点。旅游业高质量发展涉及设施、环境、居民等基础条件，也涉及资源和旅游要素等产业条件，更涉及创新与竞争力等动态因素。因此，武当山旅游经济特区需要在省市政府的大力支持下，出台全域旅游高质量发展更为全面的引领性政策体系。

（二）推行全域联动、多元协同的基础设施与环境建设机制

旅游地对游客的吸引力既根植于有价值的核心吸引物，也需要依托优质的基础设施、环境条件和人居活动。因此，通过全域联动来提升旅游地的基础条件，通过多元协同来丰富旅游城市的建设力量，应成为旅游基础设施与环境建设的重要路径机制。要加强全域条件下的旅游设施与环境建设，建立城市即景区的发展导向，实现全域要素与旅游要素的融合与联动发展，全域空间中的元素既可以是居民的生活元素，也可以是旅游者的体验元素，建立主客融合、主客共享的联动发展机制。在实践中，既要保护好自然生态资源，也要加强文化空间的传承与优化，适度挖掘和形成文化底蕴深厚、特色鲜明的街区，满足人民群众和旅游者对特色地域文化和生活的向往。要提高公共设施和资源的旅游转化率，探索文化场馆和文化街区的景区化建设模式，实现城市与景区内外空间的平衡发展，推进景城融合的深度发展。同时，旅游城市应根植于城市的利益相关者和多元建设力量，发挥政府、企业、居民和旅游者的协同作用，建立多元协同、合作共享的旅游城市高质量发展体制机制。

（三）实施科技创新、融合发展为基础的旅游高质量发展战略

建立融合发展、科技创新为基础的发展战略和政策导向，推动更广泛意义上的"旅游+"，让旅游业与文化、工业、交通、体育、健康、科技等实施更紧密的融合协同，创新旅游业态和旅游经营运作方式。5G、大数据、人工智能、物联网等新技术的应用和数字化科技企业的进入，进一步增强

了旅游产业创新发展的动能。抓好"互联网+旅游"文件的落实和智慧旅游的升级，通过科技促进旅游生产方式、体验方式、服务方式、管理模式的创新，提升旅游业的供给质量，将科技创新贯穿旅游发展全过程。抓住"新基建"机遇，通过科技赋能丰富旅游体验、增加旅游消费、促进文旅融合、提高服务效率、优化旅游治理等，加快推进文旅科教的数字化赋能和智慧化转型。

（四）推进产业重构、产品创新为核心的供给侧结构性改革

武当山旅游经济特区要持续推动旅游业与文化产业、大健康、大体育、大交通、大科技、新媒体、教育、金融和养老等多个产业的深度协同与融合发展，重构旅游产业，丰富旅游新业态。

旅游产品的创新主要分为结构创新、类型创新、功能创新、过程创新和主题创新五个方面。大力发展体育旅游、乡村旅游、夜间旅游等文化旅游业态产品，促进演艺、文创、数字艺术等行业创新发展，围绕吃、住、行、游、购、娱等旅游要素，为游客提供极具参与性、体验性、娱乐性、互动性的文旅产品。

1. 结构创新

景区提供的旅游产品可以是单一的，如单一的观光产品或单一的度假产品；也可以是多种旅游产品的组合，如观光、度假相结合。各种旅游产品的组合形成景区的产品结构。产品结构创新主要是对现有旅游产品的补充即选择性旅游产品的开发。对原有产品的组合状况进行整合,加强度假、商务、会议、特种旅游等多种旅游产品的开发，完善产品的结构。

景区产品的结构创新，应该注重丰富产品类型，形成产品体系，注重精品塑造。通过挖掘资源潜力，在原有的单一产品项目基础上，推出适合市场需求的新型产品类型，从而丰富景区产品的结构。新开发的产品与原有产品应在主题和氛围上统一协调，形成一定的产品体系。同时注重旅游精品的塑造，形成有景区自身特色的具有不可替代性的标志性产品，精品的塑造是形成景区品牌的关键所在。

2. 类型创新

总体而言，旅游产品大体可分为三类：观光产品、度假产品和专项产品。

观光产品是旅游产品的初级产品，但一直都是基础产品。包括以自然地理的特色风光为欣赏对象的名山大川、洞穴、湖泊等地理景点，以人文遗址观光为欣赏对象的古城镇、古建筑、工业遗址等人文景观，以及以特定主题为主要旅游吸引物的主题公园和游乐场。

度假产品是比观光产品更丰富的一种产品形式。娱乐、健身、疗养等产品的开发是度假产品的重要内容，目前主要有城郊型、高山雪原型、海滨海岛型、温泉疗养型、内陆湖泊山水型和山川田园型等六大类。

专项产品是专门化、主题化、特种性的旅游产品，包括体育休闲类、特种类（如驾车、攀岩、登山等）、节庆类、会议类、会展类、生态类等旅游产品。

3. 功能创新

景区产品按其功能可分为三个层次：基础层次——陈列式观光游览；提高层次——表演式展示；发展层次——参与式娱乐与相关活动。

陈列观光型旅游，游客主要通过视觉得到满足，途径单一且具有完全可重复性，只有改造、新建景点才能给予游客新的满足。表演欣赏型旅游，旅游景区由景静人动到景动人静，游客在观光基础上能够通过欣赏歌舞表演得到娱乐，景区通过节目更新给游客新奇感受。主体参与型旅游，可通过"动智动力"的身心投入得到放松、愉悦，随着每次遇到的挑战不同而得到不同的满足。景区产品在三大层面上的演进，带给游客的满足和获得的游客重游率逐级上升，生命周期曲线从下降曲线趋于上升曲线，生命周期也相应延长。

在我国的旅游景区中，无论是人造景观还是文物古迹，许多都没有对产品进行深层次的开发，向游客提供的仅仅是一种"观感"，且"观感"的内容仅仅是具体的、缺乏游客参与性的景物。人造景观中开发一些让游客参与的休闲娱乐活动，文物古迹开发一些以文化内涵为基础、与景点本身氛围一致的旅游项目，就能极大地提高景区产品的活力。借鉴国内外景区的成功经验可以发现，节庆表演活动的开发是景区产品功能创新的主要途径。

4. 过程创新

要注重基于5G、超高清、增强现实、虚拟现实、人工智能等技术，发展新一代沉浸式体验型文化和旅游消费内容。沉浸式体验融合新媒体艺术、装置艺术、数字影像、特效、灯光设备技术等，全面覆盖观众视角，通过互动感应系统与观众互动，让观众沉浸在充满趣味性、梦幻化的体验中。

虚拟现实技术让游客"触摸"到山西平遥古城历史、高科技光影技术让千年名楼黄鹤楼"活"起来，"数字技术+灯彩艺术"让上海豫园灯会成为充满奇花异草的美学奇境……数字技术在旅游业中不断应用，新颖的数字旅游体验项目接连出现，文化和自然遗产以更加多元、立体、鲜活的形式呈现在游客面前。数字经济和旅游业深度融合，促进旅游业数字化转型，将为加快旅游产业化发展提供更多空间。武当山可以在"武当一梦"文旅综合体中呈现武当数字旅游，将数字旅游与舞台表演结合起来，丰富旅游体验。

5. 主题创新

主题是景区的灵魂，任何景区都应有特定的主题，无论是人文自然景观型还是人造景观型或科技参与型的景区，都必须有贯穿该景区所有产品的主题。观光旅游主要依托历史形成的人文历史遗迹。与全国多数名山大川面临的困境类似，黄山、武当山等旅游业观光旅游增长乏力。结合武当山的资源禀赋，一是主题公园建设，打造载体经济；二是推进生态文旅康养融合，打造健康经济。

（五）推动市场再造、场景塑造为重点的需求侧管理

一是营造多元消费场景。为进一步丰富文旅消费场景，打造更多文旅新业态，顺应全域旅游、"旅游+"的发展新趋势，坚持重点突出与整体推进相结合，从多个角度推进文旅消费场景再提升、再拓展。推进文旅体融合，举办演唱会、音乐节、艺术节等大型活动吸引年轻旅游者；举办特色体育赛事活动，推动武术全产业链发展；开发"乡村四时好风光"线路产品，开展游购乡村等系列活动；开展旅游演艺精品推广，持续孵化夜游经济，打造夜间消费产品，催生时尚文化新业态。

二是强化监管护航消费。地方政府特别是旅游管理部门有效落实"科技+旅游""互联网+监管"新发展理念。借助互联网和大数据，坚持依法治旅、依法兴旅，不断提升旅游治理体系和治理能力现代化水平。通过微博、微信公众号、小程序、手机APP等多种渠道，提供丰富的旅游公共服务；通过大数据监测，将有限的公共资源得以最优化配置。通过过程监管、实时数据采集，为旅游行业监管提供可行的证据支持。行业监管不能仅仅满足于做大平台、大屏幕等硬件投入，更要聚焦欺诈消费、强迫消费、不合理低价、滥用市场垄断权利等不诚信经营，以及有悖公序良俗的不文明旅游。建设文化和旅游领域诚信体系，推进信用品牌建设，优化信用消费环境。在导游队伍建设方面，为避免虚假营销、强迫购物、欺客宰客等扰乱行业秩序的行为，要加强导游培训，提升服务质量，营造良好服务环境。

三是增强助企惠民力度。要大力推动相关政策落实落地，推进旅行社企业、星级饭店、旅游客运企业、民宿、特色餐饮企业享受优惠政策。坚持同等质量标准，依法支持旅游企业参与政府采购和服务外包，不得以星级、所有制等为门槛限制相关企业参与政府采购的住宿、会议、活动等项目。同时，为增强旅游消费意愿，要修订完善优惠办法，鼓励根据市场需求，开展文化旅游消费季、消费月活动。

旅游业高质量发展是基于我国步入新发展阶段的要求提出的。在发展目标上，应以人民为中心；在发展理念上，坚持创新、协调、绿色、开放、共享；在发展模式上，全面深化改革；在发展形式上，从高速增长到高质量增长；在发展格局上，以内循环为主体的双循环发展格局；在空间布局上，解决区域间、城乡间不平衡不充分问题。此外，应坚持"十四五"经济社会发展必须遵循的五大原则，包括坚持党的全面领导、坚持以人民为中心、坚持新发展理念、坚持深化改革开放、坚持系统观念。

参考文献

[1] 刘安全. 武陵山区旅游资源开发模式研究与实践[M]. 北京：经济科学出版社，2015

[2] 李林. 世界文化遗产——武当山可持续旅游发展策略研究[J]. 湖北社会科学，2004（8）.

[3] 杨慧. 旅游、人类学与中国社会[M]. 昆明：云南大学出版社，2001.

[4] 甘毅臻. 禹之"干戚舞"——武当山及中国武术诞生的标志[J]. 军事体育进修学院学报，2006（3）.

[5] 甘毅臻，蔡仲林. 禹伐三苗之战对武当山武术形成的影响[J]. 搏击（武术科学），2006（1）.

[6] 杨立志. 武当文化概论[M]. 北京：社会科学文献出版社，2008.

[7] 陈宝良. 飘摇的传统：明代城市生活长卷[M]. 长沙：湖南人民出版社，1996.

[8] 吕笑,杜雁. 基于明代文人游记的武当山神道路径分析[C] //中国风景园林学会. 中国风景园林学会2013年会论文集（上册），北京：中国建筑工业出版社，2013.

[9] 杨立志. 武当进香习俗地域分布刍议[J]. 湖北大学学报（哲学社会科学版），2005（1）.

[10] 张成渝，谢凝高. 世纪之交中国文化和自然遗产保护与利用的关系[J]. 人文地理，2002（2）.

[11] 中国非物质文化遗产网·中国非物质文化遗产数字博物馆. 武当山宫观道乐[EB/OL]. [2023-12-05]. https://www.ihchina.cn/project_details/12594/.

[12] 中国非物质文化遗产网·中国非物质文化遗产数字博物馆. 武当武术[EB/OL]. [2023-12-05]. https://www.ihchina.cn/project_details/13787/.

[13] 中国非物质文化遗产网·中国非物质文化遗产数字博物馆. 庙会（武当山庙会）[EB/OL]. [2023-12-05]. https://www.ihchina.cn/project_details/15125/.

[14] 舒伯阳. 旅游景区开发与管理[M]. 上海：华东师范大学出版社，2016.

[15] 郑娜. 武当山风景名胜区旅游客源市场研究[D]. 武汉：湖北大学，2010.

[16] 郑娜. 武当山风景区旅游客源市场及其定位[J]. 湖北文理学院学报，2014（5）.

[17] 廖兆光，肖弯. 供给侧改革背景下推进全域旅游目的地建设研究——以武当山为例[J]. 汉江师范学院学报，2017（3）.

[18] 廖兆光. 供给侧改革视域下武当山旅游业突破性发展研究[J]. 湖北文理学院学报，2018（2）.

[19] 陈丽华. 政府主导下的武当山旅游产业可持续发展研究[J]. 中州大学学报，2016（6）.

[20] 秦岩，王衍用，代志鹏. 武当山旅游经济特区的构建与发展模式研究[J]. 特区经济，2011（8）.

[21] 廖兆光. 加快发展武当山旅游业的思路及对策[J]. 湖北社会科学，2002（12）.

[22] 厉新建，张凌云，崔莉. 全域旅游：建设世界一流旅游目的地的理念创新[J]. 人文地理，2013（3）.

[23] 郭磊，苏子波. 武当山景区散客满意度提升策略[J]. 山东工商学院学

报，2016（2）.

[24] 秦岩，代志鹏. 由景区到旅游经济特区：武当山管理体制的嬗变[J]. 北方经济，2011（2）.

[25] 廖兆光. 武当文化概观[M]. 成都：西南交通大学出版社，2020.

[26] 朱艳梅，郭顺峰. 武当名人文化的内涵及旅游资源价值探析[J]. 郧阳师范高等专科学校学报，2009（6）.

[27] 李林. 世界文化遗产武当山特色旅游资源解析[J]. 科技创业，2004（2）.

[28] 李发平. 武当山旅游精华[M]. 武汉：中国地图出版社，2005.

[29] 武当山志编纂委员会. 武当山志[M]. 北京：新华出版社，1994.

[30] 高睿. 武当山打造世界级文化旅游目的地[J]. 小康，2023（32）.

[31] 陈丽华. 政府主导下的武当山旅游产业可持续发展研究[D]. 武汉：湖北大学，2016.

[32] 罗晓黎. 旅游业交通管理现状分析及对策实证研究——以武当山旅游业为例[J]. 科技创业月刊，2006，（1）.

[33] 劳嘉欢. 文旅融合视域下武术文化品牌建设研究——以少林、武当、峨眉为例[C]//中国敦煌吐鲁番学会体育卫生研究会，中国岩画学会体育岩画研究专业委员会，全国学校体育联盟（中华武术）. 首届中华传统体育文化传承发展论坛论文摘要集——专题报告（二）. 上海：上海体育大学武术学院，2023.

[34] 党建地. 武当武术旅游融合发展模式及实现机制研究[D]. 武汉：武汉理工大学，2020.

[35] 邓锦辉，汪清蓉，孙丽. 基于网络文本的武当山康养旅游目的地感知形象分析[J]. 当代旅游，2022，（6）.

[36] 朱倩. 武当山旅游购物品开发研究[D]. 湘潭：湘潭大学，2021.

[37] 李艳. 基于体验视角的旅游产品深度开发研究[D]. 武汉：武汉科技大

学，2010.

[38] 李欢. 世界遗产地品牌价值对游客忠诚的影响研究[D]. 武汉：湖北大学，2015.

[39] 李程. 武当山的道教古建筑及其特征[J]. 宗教学研究，2004（2）.

[40] 李慧. 武当山道教宫观环境空间研究[D]. 北京：北京林业大学，2014.

[41] 湖北省建设厅. 世界文化遗产——武当山古建筑群[M]. 北京：中国建筑出版社，2005.

[42] 鲁萧. 皇权、神话与空间的同构——明代武当山布局研究[D]. 武汉：华中科技大学，2016.

[43] 杜雁，阴帅可. 正神在山，三城三境——明成祖敕建武当山道教建筑群规划意匠探析[J]. 风景，2013（9）.

[44] 孙珍. 武当山古建筑群文化遗产保护与开发研究[D]. 贵阳：贵州民族大学，2014.

[45] 李慧. 武当山道教宫观环境空间研究[D]. 北京：北京林业大学，2014.

[46] 李刚翊. 多元视角下的旅游景区服务提升路径与策略研究[D]. 武汉：武汉大学，2022.

后 记

汉江师范学院是世界文化遗产武当山脚下的一所普通高校。受益于靠近武当山的地理区位优势，自20世纪80年代以来，汉江师范学院的专家学者分别从历史、宗教、文化、文学、建筑、美学、音乐、武术、民俗、经济等多个角度对武当山开展深入研究，取得了丰硕的成果。笔者对武当山旅游的关注与研究始于2002年，也就是笔者参加工作的第二年。适逢武当山博物馆筹建，受武当山旅游经济特区政府委托，开展"武当山博物馆文物陈列与布展质量提升"的相关研究工作。

武当山是中国著名的5A级风景名胜区，也是湖北省旅游业的重要支柱。1994年12月，武当山道教古建筑群被联合国教科文组织列入世界文化遗产名录。从此，武当山名扬海内外，旅游发展驶入快车道。随着武当山旅游业的蓬勃发展，武当山在景区管理、旅游开发、导游服务、资源评价、文物保护、全域旅游、文旅融合等方面提供了许多现实的课题。近些年来，武当山旅游经济特区的党政干部、景区工作人员和导游人员的专题培训和业务培训也日益增多。每年笔者都要多次前往武当山旅游经济特区，承担各级领导干部、选调生、导游人员的专题培训以及对外宣传推广项目、旅游发展规划、重大建设项目的评审、论证、验收等方面的工作。其间，笔者也勤于研究与写作，围绕武当山不同阶段旅游发展的中心工作和重点任务，先后发表12篇论文，出版2部专著，主编1本校本地方文化特色教材，建设2门省级一流课程，主持4个教、科研项目，参加102个政府部门组织的评审、调研、论证、验收类项目，承担了22场专业讲座，提交3篇咨政报告，获得2个省级教学成果奖。这些成果是个人对武当山旅游发展不同阶段现实问题的思考和总结，亦记载了一个青年学者的学术成长历程。这一系列的论文、专著、项目成果、调研报告、讲座资料构成了本书的核心思想和基本观点。

在本书出版之际，我要深深感谢我的妻子、汉江师范学院外国语学院副教授肖鸾女士。自参加工作以来，本人工作岗位几经变动，身兼数职，工作一直非常繁忙。本人之所以能够兼顾好行政管理、教学、科研和社会服务工作，全得益于她的默默奉献。

其次，衷心感谢汉江师范学院历史文化与旅游学院张阳阳、董华妮、靳梦婷三位青年教师。张阳阳、董华妮于2023年9月入职，在短短的6个月，除完成繁重的课程教学任务外，还全力以赴协助笔者先后圆满地完成了校级教学成果奖、省级教学成果奖、省级优秀基层教学组织、市委重大调研课题、省级教学改革研究项目、旅游管理应用型人才培养改革试点专业等6个专项工作。两位青年教师不辞辛劳，参与撰写了申报书和总结报告，收集整理了大量的支撑材料，为以上工作做出了重大贡献。在笔者忙于上述工作而无暇顾及本书之际，2024年9月刚刚入职的靳梦婷主动承担了本书一部分内容的撰写任务，使得本书能够及时完成。笔者也非常欣喜地看到，三位青年教师迅速地完成了从职场新人向优秀青年学者的华丽转身。

特别感谢帮助过笔者的武当山旅游经济特区工委（管委会）、组织部、文旅局、宣传部、政研室、人社局、发改局、经信局等单位的历届领导和工作人员。多年来，有关部门为笔者的考察、调研、研究提供了许多便利，各位领导和工作人员在研讨和交流中的许多真知灼见使笔者受益匪浅。

本书的出版得到了汉江师范学院旅游管理专业产学研合作基地湖北海外文化旅游开发有限公司的资助。本书是"湖北省高等学校战略性新兴（支柱）产业人才培养计划"和汉江师范学院旅游管理"应用型人才培养改革试点专业"的立项建设成果，也是汉江师范学院科学研究重点项目"乡村振兴背景下农民乡村旅游创业研究"（编号：2024A03）的研究成果。

廖兆光

2025年1月30日